三秒勾出心里话

王和燕 著

中国原子能出版社 中国科学技术出版社

· 北 京 ·

图书在版编目（CIP）数据

三秒勾出心里话 / 王和燕著 . — 北京：中国原子
能出版社：中国科学技术出版社，2023.11
ISBN 978-7-5221-3015-6

Ⅰ . ①三… Ⅱ . ①王… Ⅲ . ①语言艺术—通俗读物
Ⅳ . ① H019-49

中国国家版本馆 CIP 数据核字（2023）第 189134 号

策划编辑	李　卫	文字编辑	史　娜
责任编辑	付　凯	版式设计	蚂蚁设计
封面设计	仙境设计	责任印制	赵　明　李晓霖
责任校对	冯莲凤　张晓莉		

出　　版	中国原子能出版社　中国科学技术出版社
发　　行	中国原子能出版社　中国科学技术出版社有限公司发行部
地　　址	北京市海淀区中关村南大街 16 号
邮　　编	100081
发行电话	010-62173865
传　　真	010-62173081
网　　址	http://www.cspbooks.com.cn

开　　本	880mm × 1230mm　1/32
字　　数	139 千字
印　　张	6.75
版　　次	2023 年 11 月第 1 版
印　　次	2023 年 11 月第 1 次印刷
印　　刷	北京华联印刷有限公司
书　　号	ISBN 978-7-5221-3015-6
定　　价	62.00 元

　　我时常庆幸自己是一名主持人，可以在年轻的时候就拥有诸多机会接触"大"家，如巴基斯坦驻华大使莫因·哈克、中华人民共和国国家勋章和"人民艺术家"国家荣誉称号获得者王蒙、国务院参事室研究员周延礼等，这些闪闪发光的人给了我丰富的生命养分。人的记忆很浅，幸运的是，影像和文字帮我记录着那些曾经发生的事，也承载着我的青葱过往。对我来说，这是不可多得的财富。

　　在本书中，我描述了自己步入职场近十年的专访经历，通过与不同人物的交谈、交往，详细地说明了社交场合中俘获人心的沟通技巧。同事们评价我能"三秒勾出心里话"——不论你的年龄、性别、职业、职务如何，在我的专访下，你大概率会"献出"眼泪。我甚至可以通过一个人开口前的眼神来判断他的心里到底藏了什么情绪，这渐渐成了我的看家本领。你问我有技巧吗？当然有，但我可能没办法准确地表达出来，因为这不是主持人训练班或口才训练营可以教授的，这是我用近十年时间切身与他人"交手"后总结出的"秘笈"。

　　只是，没什么是天生的。小时候的我是出了名的不擅长沟通。我会在大人谈正事时不合时宜地插话，却不讲重点；与人吵架只会放大音量，却不知道怎么反击；早期录制节目时不断NG，耽误全场时间……你是不是觉得这些场景似曾相识？其实我们都一样，请你相信我，这不是难点，我们完全可以通过系统地学习来克服，只要肯下功夫。

我并不认为这只是一本关于沟通的书，它更是一本集心理学、社会学、营销学、哲学于一体的书，目的是用语言这把精巧的杠杆撬动巨大的生命能量。

语言的意义何在？底层逻辑只有两个：表达需求和抒发感受。如果你说出的所有内容都是围绕这两个核心要点展开，也许你的话就会更有分量。说话不是一件容易的事，正因如此，我们才要学习说话。

本书教给你的更多是方法，而非固定公式。如果你看到了公式，也不要忽视前后文的解释，这更方便你理解。人要拥有灵活的认知，这个世界不是一成不变的。我们需要通过自己的评判体系敏锐地判断此刻该不该说话、该说什么话、该怎样说出来，这不是运气，是功夫。

现在很多沟通类图书会讲一些看似没问题但不太实用的"花腔"，这确实可以让读者在必要时解燃眉之急。然而我们依然无法定义自己是个会说话的人，因为脱离那个环境和语境，我们又要四处去搜寻答案，循环往复于表皮。本书不会拿这些千篇一律的浅水区内容来搪塞你，我给出的都是生活中经常出现、说出口不尴尬、哪怕讲方言都不显得奇怪的例子。

　　人不是设定好程序的机器，我们一定要有自己的思考和判断，让语言为自己服务。如果没有逻辑、不懂架构，说出来的内容便经不起推敲。我们要多思考，要善于觉察常人所不能觉察的部分，然后接住所有"掉"在你面前的真心。我们还要有自己的"操作系统"，建立起自我体系和参数，不轻易以他人意志为转移。

　　想让语言成为武器，终是要把温良之道镶嵌在待人接物的每一天里，试着成为一个更有质感的人。

　　语言的边界也是思想的边界，我们说出口的话一定会折射出自己的灵魂。

　　看似说话，无关说话。还关乎什么，请自己来寻找答案吧。

和燕

2022 年 9 月于青岛

第三章

勾出心里话的魔法提问术　▷　**087**

第四章

攻心之道——让人对你心服口服　▷　**119**

后记
偶遇《奇葩说（第八季）》 ▷ 197

第一章

自以为会说话的人，其实你现在"危险"了

高情商就是会说话吗

提起"高情商",人们往往与"会说话"画等号,认为高情商的人通常能说会道、八面玲珑,更能在人际关系中如鱼得水,因此人人都想在嘴皮子上下功夫。我想,我们有必要先来讨论一下"说话"的定义。

朱自清在散文《说话》中写道:"说话并不是一件容易事。"做电视主持人近十年,我从未认为说话是件简单的事。一个人说出口的内容能否呈现自我、承载他人、表达情感,完全取决于他的思想张力。尤其是当他人对你的预期很高时,你说出的话就更要经得起推敲了。人的语言像水,可以激起巨大浪潮,也能淹没一切美好。所以在我看来,"会说话"是对一个人的极高评价。真正能把话说透、说好、说中、说漂亮的人,才称得上是"会说话的人"。

这样说也许有人要反驳,明明那些所谓的"会说话的人"都"混"得很好啊。这其实是一种错误的看法。生活中,什么样的人看似"会说话"呢?例如,某些销售员在你试穿衣服后大声称赞,"亲爱的,这就是为你量身定做的"(按摩自尊);另一些推销员会说,"我们品牌的空调虽然价格贵,但质量比别家的好"(转移重心)。这些人并不能被看作是"会说话"。他们也许业绩不错，看起来和客户打成了一片，但成交的本质更多在于客户自身的需求，而非话术引导。

　　这个尺码很适合你，你穿上比较显身材。

　　我也经常买同一类型的衣服，证明这一类型还是比较适合自己的，关键场合还得穿这些。不过你家里有的话，可以考虑其他类型的衣服。

　　这一款的价格确实贵，是因为使用了进口材料。您要是喜欢，我就争取折扣；如果您不喜欢，我还可以向您推荐另一款。

　　成熟的销售员通常会把推销话术换成以上句式，与前文最大的不同就是，成熟的销售员会对顾客很用心。顾客也不会在其眼神、笑容以及一些细微的表情变化里，感受到"卖货心切"。而当销售员真的站在顾客的角度与之共情，他们说出的话才能戳中人心，既抓住了对方的痛点，又完成了自身的任务。

　　所以，怎样才算会说话呢？

　　第一，感知力。开口之前搞清楚状况很重要。你是否能察觉到那些潜在冰山下的秘密？你是否可以通过一个不经意的眼神、一句轻描淡写的话、一个细微的动作捕捉到对方的情绪？没有感知力就意味着对对方的体温和需求毫无知觉，这才是你不会说话的主要原因。

　　我们要感知的情绪主要分为两大类，即原生情绪和衍生情绪。原生情绪是你触发事件时产生的第一反应。比如，听到打雷，你会本能地恐惧。因此你要学会通过环境和细节来判断。比如，当别人夸奖他们的孩子时，你可以适当附和来满足他的分享欲。衍生情绪是原生情绪发生之后可能衍生出的其他反应，如一个生气的人可能会摔杯子。能从对方的情绪和行为中预判可能发生的事情，就是一个感知力强的人。

第二，自控力。你需要作为一个旁观者，不对当下发生的事情做出任何评判。这种状态下，你慢慢会变得克制、理智。尤其是在社交场合，可以让你减少对抗性，从而更加包容。比如，当听说有人离婚了，请你不要冠以"凄惨、同情"等主观评价，而是将它作为一个客观事实去处理即可。**不要随意下定义，这是学会说话的第二个重要准则。**

第三，分寸感。水满则溢，月盈则亏，分寸感非常重要。那些情商高的人哪怕批评你，也会令人舒适。因为他们常常"点到为止"，给你留了自我反思的空间。你可以多尝试不把话说完，留下一句"你自己思考一下""其他的你都懂""你其实可以更好"，给予对方充分的尊重，这份留白弥补了指点的锐利，也会让人感恩你的"得体"。

掌握以上三种说话的能力，你在与人交流时便能够表现得当。然而，当他人已达成一致，认为你是一个会说话的人时，你反而要小心，要学会少言、慎言。

少说话、慎开口是一种大智慧。"少言"和"少言寡语"不同，少言是要凝练你的思想，只说该说的话，而不是沉默不语。

“舌上有龙泉，杀人不见血。”你不经意的一句话可能会击溃一个人的防线，也可能挽救一个人的生命，不要小看语言的力量。很多时候，你会产生一种十拿九稳的良好感觉，很想发挥一二。比如，给人饯行时说“您走了之后，我会想您的”；提到某人就说“他呀，傻乎乎的”或者“水瓶座就是神经兮兮的”……以上这些带有歧义又容易误伤他人的话，都是埋在暗处的雷，随时可能给你带来麻烦。语迟则贵，人多的场合，你要时刻提醒自己，慢一点，谨慎一点，不求话多漂亮，至少不要出差错。

那些不经思索的言论，是使你失信于人的加速器。什么是真正的会说话？答案应该是：会做人。这是真正的道，是你征服一切的核心。说话的确是一门艺术，讲究技巧和方法，我们可以通过大量的练习达到及格线，但想要成为一个有深度的人，还是要提升语言的温度、做人的气度。

我们说出的每一句话，都可能成为别人评价我们的依据。你可以不在意外界的声音，但你不得不承认它可能会给你带来的影响。所以，如果可以，请成为一个知进退、懂分寸的人。

自报家门的门道

人们总是对先获取的信息印象更加深刻，甚至在潜意识中形成先入为主的认知，这种第一印象会严重影响人们对未来的判断。这也解释了为什么会有“一眼定生死”的说法。因此，把握好你给人的第一印象，会让你在社交中占据优势。

做访谈节目，不可避免地就是要不断向访问嘉宾介绍自己。曾经有一段时间，我所在的节目组驻扎于各大论坛峰会。在这种人潮涌动的场合，节目组时常需要主持人自己去争取嘉宾的访谈意向。因为现场流动的变数太大，无法提前安排，所以能不能专访到心仪的"大人物"全凭主持人的个人实力。对我来说，自我介绍就成了能否达成合作的唯一指标。我们的意向嘉宾都是行业里的头部、体制内的一二把手，甚至是全球知名人士，他们的随从人员往往既强调时间有限，又规定了访问话题，还会提出某些需求，要想打动他们真的需要超强的博弈心理。

印象最深刻的是在一场人工智能峰会上，我通过一张小纸条说服了一位本来拒绝受访的院长。对于主办方未安排、本人又无录制意愿的嘉宾，我们往往不会费力争取，但有时面对资历深厚的大咖，媒体人的本能又总是跃跃欲试。这位院长在发表演讲时，我先是进会场看了一会儿，走到其座位旁确认了座次，随后就到门外等待。一个人为什么会拒绝接受访问？除了本人低调沉敛，无非是认为受访这件事不能为其带来价值，抑或是不认可采访者的价值。我想了想，拿起笔，写下了几行字。等到院长下台就座后，我悄悄走近他的座位，把这张纸折好递给了他。我安静地退到合适的位置观察其反应，看到他读完纸条后四周环顾了一下，我心想，成了。

人们往往认为第一印象一定与本人的形象有关，可是那次没有，对方甚至都未看清我，却可以一改往日严谨的想法，通过一张陌生人的小纸条就对其产生了信任。那么，我们在第一印象中要传递给对方的到底是什么呢？是你得体的谈吐吗？还是大气的外表？露齿八颗的微笑？也许是，但不完全是。你若不能拿出真正能够代表一个人最高价值的那一部分，并让对方产生期待，那便不能说是一个高质量的第一印象。这里的最高价值不仅是个人头衔的至高位，还跟对方的需求有关联。因此不管是先见其人，还是先闻其声，抑或是略有耳闻，我们都可以有干预地在对方心里留下一个良好的印象。这种第一印象的设定很大程度上影响了此人与你关系的未来发展走向。如果不能有第三方为你加持，那么学会"自报家门"是最简单的方法。

京剧里讲的"自报家门"有很深的门道，"自报家门"除了可以向观众交代剧情，让观众了解人物，还有很强的舞台观赏性。像京剧中诸葛亮、曹操等角色出场的"引子"，包括报名姓的长段白口，精彩之处，完全可以当作一场短戏来欣赏。然而苏联戏剧专家曾提出过意见，认为戏剧中的好人和坏人，应该在全部看完之后再做评判，开场就展露会失去美感。对此，我保留看法，无论是戏剧表演还是现实生活，都很难有人做到"谁人不知"。酒香虽不怕巷子深，但对于不懂酒的人，你如何让他识别陈酿的香味？出场设定的基调越高，后来哪怕没有醇厚的酒香，对方也会敬畏三分；而要做到越品越有味道，则是另一个范畴的话题。一见钟情就是这个道理，很多人初识时会掩盖本我的不足，尽力扮演对方喜欢的样子；在真正进入一段关系后，又渐渐暴露本性。神奇的是，尽管无法忍受，对方的脑子里依然会有对其第一印象保留的幻想。

如何"自报家门"才能事半功倍呢？在大多数场合，你只需要介绍自己的姓名和职业即可。可是在重要的沟通中，你需要摒弃一些陈旧的想法，忘记"姓名＋年龄＋地域＋职业"的公式，来重新设计你的自我介绍。

第一项，你是谁？当我们的名字无法像名人一样直接代表个人履历时（如比尔·盖茨），那就需要从多个维度去解释我们的存在。

1. 有个好名字很重要

1927 年，上海街头出现了一种外来饮料，叫"蝌蚪啃蜡"（coca-cola），这个名字非常绕口，销售情况很不理想。第二年，这家饮料公司改了一个中文名，准备重新打入市场，这一次的名字叫"可口可乐"。新奇又朗朗上口的名字确实会在人的大脑中形成一种设定。如果你认为自己的名字很普通，也不必担心，只要解释得当，依然会使你吸睛十足。我们以老朋友"小明"举例。

> 我叫小明，每天都在打喷嚏，但凡有小学生读课文念到我，我就要被迫打一次喷嚏。
>
> 我叫小明，有数据研究，全国有近 1 亿人与我同名。

如此一来，一个很普通的名字也被赋予了特殊的意义。每当大家想到你，都会想起打喷嚏的典故，而调侃名字的广泛性也会令人记住你的洒脱和豁达。这就是一个好名字带给人的标签设定，请尽快为你的名字想一个精彩的故事吧。

2. 为自己找一棵大树

如果你是一名产品经理，那依托"世界500强企业"这棵大树会让你更加出彩；同理，健身教练的"全球健美先生冠军"的名号也是不错的大树。当你所在的平台很知名时，那一定记得用平台或所获奖项来为你抬咖。比如，我在面对开头提到的院长时，在小纸条中写下的第一句话就是：

我是来自××电视台的新闻主播，目前负责一档人物访谈节目，张海迪、斯琴高娃都曾参与其中。

这么做的目的并不是炫耀，而是让对方对你产生信任感，对于接下来发生的事有了可预判性，这种信任会冲抵你们之间的不熟悉程度。虽然未必起决定作用，但是起码有了良好的开端。还记得《西游记》里唐僧的自我介绍吗？"贫僧唐三藏，从东土大唐而来，去往西天拜佛求经。"短短三句话，却是结结实实的几棵大树，唐三藏的"名"得益于哪里，就能一目了然了。

3. 打出你的差异化

差异化是区分你与他人的核心标准，不仅适合自我介绍，也适用于其他领域。你与别人有什么不同？同样都是自我介绍，别人为什么要记住你？这个世界很残酷，根据冠军光环效应，第二远不如第一那样闪耀。你是否能做到细分领域的头部？如果不能，如何挖掘自身的差异化？

假如你是一名产品经理，那你是否可以拿出超高水准的业绩来为自己正名？例如，"连续五年销量冠军"；如果不是"销冠"，入行时间最久也是你的与众不同；抑或是你可以给到同行业的最低拿货价……市面上做凉茶的企业有很多，但"怕上火喝某老吉"却深入人心，聚焦"怕上火"就是其差异化所在。你一定要打造出只属于自己的核心竞争力。

除了垂直行业的细分，能否做到横向包揽也是你的差异化打法。例如，一名女作家收藏了近百辆重机摩托；一位米其林大厨很擅长写歌，这种反差身份的集中化，会让人眼前一亮。现如今斜杠青年①越来越多，更多的人掌握了全面发展的方式。如果你在单一领域无法拔得头筹，那么多方跨界则是你的差异化所在。

其次，你做出过什么成绩？换句话说，你能够自证个人最高价值的履历是什么？很多时候，人们习惯纵向叙述。例如，"张三，何年何月至何年何月，曾在哪就职"，这么写只是在汇报生存轨迹，并未真正表达履历背后的价值所在。尤其在沟通中，我们更要有针对性地展示自己。下面分享一下我常用的几个方法。

（1）放大数字

一段 100 字的文字，最容易让人记住的不是形容词和名字，

---

① 拥有多重职业和身份的多元生活的人群。——编者注

而是数字。同样，横向比较，"一百"和"100"也会让大脑有所侧重，数字从书写形式上就区别于任何语言形态，在口语中更是如此。

他去年 180 斤，照样考上了体育学院。

我今年赚了 1000 万，累病了好几次。

看了以上两句话，大部分人都会优先捕捉到数字，而忽略了其他重要信息，例如，"体育学院""累病"。这就是数字的魅力。如果能在自报家门时多用数字阐述，将其无形嵌入对方的潜意识，那么对方就会有了具象化的概念。

今年我带领 10 人，用 2 个月的时间创造了 100 万的利润。

我酷爱读书，仅仅是今年上半年，我就读了将近 100 本书，下半年我计划再读 100 本。

我是全国青少年比赛的冠军，这次比赛的参赛人数有上万人，经过层层选拔，只挑选了 3 名代表去国外参赛，我就是其中的幸运儿。

对于一个很普通的项目介绍，我们可以从数字的描述中感受到事情的难易程度。第二个例子讲述了同样是爱读书，别人只会讲类别，而你以量取胜，通过醒目的量化来衬托你对阅读的热爱；第三个例子通过打造落差来展示获胜者的稀缺性，比单一介绍奖项更加生动。

（2）学会讲故事

成功企业家的共通点之一就是会讲故事，他们可以把一件简单的事讲得有声有色。这并不是要求大家都要学会声情并茂，而是要讲出重点。如果只是平铺直叙地炫耀，那就很难让人信服。

著名矿泉水品牌某岁山的产品背景就是一个很浪漫的爱情故事。广告中的女主身着贵族礼服款款走来，这是一幅标志性画面，以至于看到它，你就不自觉地产生代入感，放眼花样繁多的饮料品牌，你就是可以接受多花一些钱来为这个故事买单。再比如慈善家，他们是因为钱多才做慈善的吗？一定有更深层的东西在推动他，那就是悲悯和大爱，是感同身受和力所能及，是品牌的文化，是一个人的价值观。这样一来，他做慈善的行为就会成为一种品质，深深地印在他人的心中。

（3）介绍自己的"使用说明书"

这是本节要讲的重点。所有社交的核心都是价值交换，我们与他人沟通顺畅与否，除了外在技巧，还有底层逻辑和既得利益的获取及给予。你首先要掌握足够多的砝码，才能在每一次与人交手时，拥有出牌的底气和实力。普通人一定要在未被熟知前主动曝光自己，告诉他人你的优势，以此来阐明你的"使用说明书"。

　　暑假快到了，有想带小朋友出去玩的可以找我，我做亲子旅游项目很多年了，在我这里只需成本价即可享受多个项目，比市面上便宜一半！

　　我平时喜欢潜水，还考了教练资格证，如果你们想学，我带你们玩！

抛出自己的价值所在，志同道合的人自然会被你吸引，这也会让人对你的标签印象深刻。然而，针对不同场合的"使用说明书"的侧重点不同，切忌说得太满，要学会抓重点、断舍离。

第一，商务场合。

谈判的艺术讲究共赢，共赢的基础是双方都有实力。很多人在商务场合中会因想要合作而放低姿态。反过来想，我们会更尊重什么样的合作伙伴呢？例如，拍板能力的强弱、业务能力是否过硬等，所以精准下药才是重点。

　　我是这次项目的负责人，我入行时间虽然不长，但带过的几个项目都是省重点工程。这次项目我会全程跟进，相信我们的合作肯定没问题！

第二，面试求职。

人们在面试时往往很贪心，从小到大的履历都要向面试官介绍一遍，生怕错过了哪个精彩瞬间。其实大可不必，对于一天要面试几十个人的面试官来说，求职者是否出彩在交谈的前

2分钟就能分辨出大概了，所以这种场合的自我介绍一定要与主题密切相关，其他内容可以大胆舍弃。面试财务岗时要突出你的细心、耐心；面试销售岗时要突出你与人交流的能力；参加唱歌比赛时你不用赘述自己热爱阅读……

面试时的自我介绍要与求职目标一致，抓住有限的时间，并且学会将职责前置，即未来加入公司后你可以主动承担哪部分工作，这很重要。展示自我价值就体现在这里，面试官会认为你已经做好了创造价值的准备，而不是只想投个简历试试水。

> 我面试的是销售经理，有过短期的相关经验。我很擅长与人沟通，与很多客户都成了朋友。如果有幸入职，我有信心带领团队拿下下一季度的销售冠军。

4. 外形要"美"

《怪诞心理学》一书中研究过一个课题：正义是否是盲目的？判断一个嫌疑人有没有杀人，标准是什么？会不会看长相呢？答案是：会的。心理学家约翰·斯图尔特·米尔（John Stuart Mill）曾花大量时间在法庭上观察，那些其貌不扬的人往往比面容姣好的人获刑更重。

什么是美？美不一定是符合标准比例的三庭五眼，而是干净、整洁、大方、得体的举手投足。尤其是与人近距离交谈时，你还要注意口腔卫生、身体气味，要给予对方舒适自然的感觉。约见一个重要的人，请事前稍做仪容整理，除了使他人自在，你自己也要相信，当你仪容清爽大气、举手投足之间满是精致时，一切交流对谈都会渐入佳境，你的自信心也会在无形中提升。当然，请学会享受生活，他人见到你爽朗笑容的那一刻，也许就是你最好的自我介绍。

有效破冰：对话张小娴

金庸先生曾说："关于爱情的问题，你应该去问张小娴。"

采访她之前，我查了很多资料，发现她近几年出书的频率已经渐缓，不知道这些年她有哪些淬炼和改变。简单来说，我并不是很了解她。当面对不了解的人时，我会本能地想要逃离，因为无法预料接下来的对话是否顺畅，而且她隐居多年，不知此时状态如何。

每次正式访问开始之前，我都会空出一小段时间作为与采访嘉宾的破冰时间，我把它称为"黄金斩"。这对我的采访非常重要，重要到可以决定两个人接下来的关系走向、谈话内容，甚至能不能产生人生链接。

我会用这几分钟的"黄金斩"深层次地向对方输出我的情绪价值，使其渐渐对我卸下防备。简单地讲，就是输出夸奖，表达赞美。

夸人蕴含着大学问。"你真美""你真棒"这种话，会让对方觉得过于场面，尤其是当你夸需要踮起脚尖才能够得着的人，更要注意语言中的技巧和分寸。我一般将夸人分为三个阶段，并层层递进。

第一个阶段：夸人要有细节，不要浮于表面。

> 我超级喜欢您。
>
> 您的书我都看了。
>
> 您的书写得太好了。

以上句子被我统称为"废弃赞美"，也就是让对方习以为常且感受不到心意的话。有时候若真想拉近彼此之间的距离，要让对方感受到你的真诚，而不是单方面"索取式输出"。更好的办法是，从细节出发，以小见大，并加上你的感受。

> 接到通知要采访您，我就翻出了家中 10 本您写的书，其中有 1 本还写满了笔记。这一晃距离那本书出版已 10 年了，没想到能见到您本人。我听说您很少接受采访，我真的感到很荣幸。

以上语句通篇没有说到"喜欢"二字，但句句都透露出了我的喜欢。

当你不再把对方当作高高在上的名人，而是像朋友一样向她诉说你的感受，相信我，她也会感受到这种温度变化，以她的真实情绪回应你，而不是简单的一句"谢谢你"。

你好瘦啊。

→你穿这条裙子太好看了，完美地展现了你的身材。你是不是瘦了？

你的篮球打得真好。

→课间我看到你在打篮球，我还在想篮球场怎么围着那么多人呢。不愧是你啊。

人与人之间的相处是非常讲究细节的，你能很容易捕捉到对方字里行间的水分，哪怕只有一点点。想要摆脱"假情商"和"商业吹捧"，就一定要说出自己的真实感受。千万不要被一些莫名其妙的话术误导，能一成不变背出来的句式，都是在搪塞别人。想让对方卸下防备，就要做到"无可复制"。

第二个阶段：正话反说、欲扬先抑。

夸人这件事，很容易就会跟拍马屁扯上关系，而且现在鼓吹情商高的人那么多，见面若是不互捧几句都算不上是社会人。但要想夸得有新意，并且让他对你有所忌惮，就要学会激起情绪上的水花。

您陪伴了很多人成长，有人因为看了您的书而相信爱情并结婚了，但也有人因为感情流逝离婚了。

对张小娴来说，上面这句话是不是可以让她思考几秒？——"有人离婚也是跟我有关吗？"

学会正话反说可谓将人与人之间的相处方式拿捏到了极致，但是要记住，正话反说的本质是表达"正"，只是将正话反着说，千万不要颠倒了主次去强调"反"。

有人因为认同张小娴的价值观而选择离婚，这句话不完全带有贬义。也许是女性找到了自我独立的法宝，更有自我意识，但我们需要用这种一语双关的话让对方心头一紧，让她分不清说话者是否具有善意，这样她就会本能地认真思考接下来的每个提问。因为你有质疑的勇气，对方也会下意识地将你与无脑追逐的崇拜者区分开；但这不是重点，重点是你要把握好语言的轻重缓急，可以用开玩笑的口吻，让她明白你最终想表达的是，她的书"陪伴了很多人"。

真服了你了，你也太周到了吧。

→你很周到。

有你这样的吗？抢着买单可还行？

→谢谢你买单。

一句"谢谢"算不上什么，让对方受用才是重点；人与人之间的对话，实质内容只有30%，情绪却占到了70%。学着输出那些让对方的心情"坐过山车"的话，也许他会更加记得你的存在。

第三个阶段：借他人之口来赞美。

回到本篇开头第一句，你会不会茅塞顿开？在与他人日常交往时，可以多多借用第三方之口来赞美他人。如果这个第三方有较高的身份、地位、权威，那被夸之人会更加受用。优质的第三方加持，会让对方感受到被抬高，所以多借大人物之口夸一下对方，他内心的天平将快速向你倾斜。

更巧妙的是，除了"抬高"对方的身价，你也要学会"抬高"自己的身价，这才是破冰之术最核心的地方。我是这样对张小娴说的："前段时间，蔡澜先生做客了我的节目。大家都知道你们是很好的朋友，他对您的评价很高，而且蔡老跟金庸先生都是香港才子，金庸先生更是称您为爱情女王。"这段话相比于"金庸先生说，关于爱情的问题，你应该去问张小娴"，是不是又多了几分滋味？前者既展示了自己的价值，切入第三方，又表达了对对方的赞美，而后者只是一句干巴巴的引用。

借他人之口夸赞，其实也是变相地展示自己，如果双方有交集，那也无形中拉近了你们三方的关系。不然为什么会有那么多人提到某个学校就开始列数校友？那代表了你们曾经在某一刻通过某种方式建立过联系。

想要快速拉近与他人的距离很难，因为我们会本能地对陌生的人和事抱有警惕性。太腻歪了不行，油；太生冷了不行，漠。在初识之时，请多付出你的真情实感，让对方卸下心防，真实地体会到你的诚意，另外还不能让他小瞧了你的来头。这就是有效破冰的三步法则。

不了解的事，切勿不懂装懂

你对这个世界了解多少？人们很少去思考这个问题，只要不是类似"魑魅魍魉"这些连字都不太认识的词，人们总是能解释上几句，哪怕是见都没见过的银河系，也能将其运转章程说得风生水起。所以，人们处处彰显着小身躯里的巨大储存量，若是不能上知天文下知地理，那就会被认为不够志同道合，甚至有被踢出社交友好距离的风险，因此人们常常装作知晓一切。做访谈节目的这些年，我接触过各种以前从未耳闻的行业，我并不懂其专业性，但为何还能与嘉宾聊得下去？答案只有一个：我从没有不懂装懂。

生活中有很多人对某一领域不那么懂却硬要装作很懂。比如，文艺圈的你误闯入投行圈，听到他们说那些专业的名词术语，你会强行提起自己看过的某个浅显的言论，试图跟大家融为一体；或者为了展现思想，连连输出并不深刻的观点，看似长篇大论，实则毫无内涵。这些都是沟通中常见的愚钝行为，尽管它会在当下缓解你无话可说的尴尬境地，但实际并不利于你的形象建立。有一次，我和几个朋友与一位身家过千亿的企业家吃饭，朋友提出了一个问题："在员工面前树立威严和保持随和如何平衡？"这个问题并不难答，当然也可以说很好搪塞，我们可以用数种好听且冠冕的辞藻来回答这个问题，再不济就正反面利弊都陈述，怎么说都不会出错。但企业家并未如此，而是结合当时讨论的内容分析了一下，告诉我们："这个问题我现在回答不了你，我回去想一想，毕竟你这个情况比较特殊。"这一句话在我看来比答案还要重要。

大千世界的信息是无穷无尽的，而我们每个人拥有的不过是沧海一粟。孔子说过："知之为知之，不知为不知，是知也。"知道的就是知道，不知道的就是不知道，此乃真正的大智慧。强不知以为知，则是愚。不懂装懂是为了显示自己的聪明才智，殊不知旁人很容易看穿你的漏洞。狂妄自满又不虚心好学，怎么能得到他人的信任？看似是为自己镶金，实则在给未来设置障碍。

一道从没见过的高数题被你描述得轻而易举，在冠军面前也要喊一句"那是因为他练得久"。如果总是想表现出自己很懂、很强，好像"懂"才是智力和能力的象征，那你就容不得某一部分成为缺口，尽管之前你从未在意过。接纳自己不知的事实，比"不知"本身还令人难以接受。因此，人们不懂装懂，更重要的是为了缓解以下两种心理带来的焦躁。

一是自我紧张感。这是一种在困顿环境下产生的对自我形象感到紧张的情绪，害怕由于不懂而暴露无知，从而不合群或不被认可。美国康奈尔大学的心理学家研究发现，多数人不懂装懂都是为了掩饰无知，如果不能回答对方的问题，我们会被当作无知的代言人。因此，大脑会迅速搜索并编纂答案，无所谓答案正确与否，认为只要能做到不冷场，就不会暴露自己的无知。

二是社会认同感。当你回答不出考题，你会认为这很没面子。当下的表现不仅导致了情绪紧张，还会被当作笑话传播到更广泛的社交圈子，从而失去尊严。基于此，你会不停地展现自己，试图挽回颜面。

我采访过各行各业的翘楚，有半导体行业、地质勘查行业、采矿行业……说实话，哪怕这些行业的一摞摞资料放在面前，我都未必能读懂。开卷都未必能写出正确答案，闭卷又能如何不懂装懂呢？光是想想那个画面，我都觉得很尴尬。因此，我从未特意强求自己一定要学会且参透某一行业中的每一个术语，或是一定要认清每个数据背后代表的含义，我只需轻轻问一句："这是什么意思呢？"就足以解决一切问题。

有勇气承认你不懂，往往会赢得更多的尊重。苏格拉底说过："我唯一知道的事就是我一无所知。"当我们接触的世界越广阔，思考的问题就会越多，反而给出的答案却越少。人的认知能力和语言表达能力都是有边界的，尤其是面对自己不懂的范畴，你的语言表达体系会更加匮乏，说出的词格外不达意。但这代表不了什么，不懂才是人生的常态，请接受这种常态，不懂装懂只会让原本没被发现的问题浮出水面。

首先，你会露底。基于你的自我紧张感，此时的你会产生焦急的讨好心态，虽然你并未将这种心态告诉别人，但会暴露在你磕绊的词语中和急于被认同的眼神里。慌乱有时会轻易把底细送出去。

其次，留下笑柄。人在未知领域总是拿捏不好分寸，说的话很容易露出马脚，就怕你的大脑还没来得及转，嘴巴就已经说出一个不相干但隐约有印象的事，结局就是成为别人当下的笑料、日后闲时的笑柄。

最后，印象既定。因为不懂装懂而给人留下不诚实、爱卖弄的印象，实在是太得不偿失了，但这就是不懂装懂给人的直观印象。我们认知里的靠谱形象，是有一说一、真诚坦荡，而不懂装懂显然是反其道而行之了。

都说"难得糊涂"，很多人却总是"难得明白"，尤其是争强好胜之人，总是揣着糊涂装明白，强出头，爱参与，喜欢教化他人，遇事总爱指点一二。其实，闻道有先后，术业有专攻，我们生来就没有精力习得一切。坦率大方地与这种"无知"和平共处，你将会汲取更多能量。

面对不懂，我们可以有以下四种表达方式。

第一，直接承认。承认自己不懂没有那么难，把心结摊开来放在台面上，这件事就不会成为你的困扰。

这个我确实不懂，你们行业的专业知识太难懂了。

这个之前没听说过哎，是什么东西啊？

求求你放过我吧，我哪能搞懂这个。

不管是客观直叙还是幽默自嘲，都能很轻松地化解尴尬，而当你真的有勇气承认这些时，你会发现根本没有任何尴尬可言。

第二，提出疑问。承认了自己不懂，确实是把自己与外界或话题隔开了，但如果你还想在群体中有一席存在感，那你可以试着请教别人，让大家围绕这个话题为你开辟一个解答环境。

关键绩效指标（KPI）是你们行业里的专业名词吗？代表了什么呢？你们行业还有什么专业名词？

我太喜欢听你们说话了，都是我之前不了解的知识，那个采矿的设备值多少钱？

对于一切你不懂的问题真诚地提问，只要对方有时间，哪怕是出于礼貌，也会为你解答的。

第三，巧妙回避、转移话题。如果在一个特别受瞩目的场合，适当地彰显情商也能够为你扳回一城。你可以巧妙地回避令你难堪或不擅长的话题，悄悄将话题转移到你熟悉的领域。

美国人我不太了解，不过我记得英国人的做法也很特别，因为我在英国时就遇到过这种情况。

外国文学我读得少，不过我做过一段时间编辑，比较擅长写时政评论，你了解这些吗？

一切皆可转，你可以承上启下地衔接到任何你想聊的话题，如果这个话题可以让你建立自信或社交威望，那一定要准备得当，转移后要给出精彩的见解。

第四，为下一次邀约留出机会。如果这次谈话没有让你出彩，那么就此为下一次邀约奠定主题也是不错的选择。我们可以真诚地邀请对方，或是介绍与他同频的好友进行下一次讨论，让一个无关紧要的话题成为你今后人际发展的良好契机。

> 我身边有好多朋友都冲浪，下次咱们一起吧，正好请你们教教我。
>
> 这个我确实没玩过，不过我身边有个专业人士，你们一定能聊到一起，下周邀请你们来我家吃饭。

你要善于利用缺口为自己制造更多的机会，这次不行，那就下次，未知才有惊喜。如此一想，不懂也不是什么坏事，它让我们更接近普通，消解了一些锐气。摘下高傲的面具，保持好奇，你会得到更多的反哺。

懂得留白才是艺术：对话王蒙

中国画的"留白"指的是画面不要过满，要错落有致，留有一定的空白，这个空白是给予观者自由理解的空间，也是作者不便说的弦外之音。说话的艺术同样如此，如果意思已经传达，那就不必过于字正腔圆了。人与人之间的微妙之处在于，有时你未开口我就已经捕捉到意向，彼此在对方的神情和语气中互相体察，不强求也不为难，这种朦胧之间的进退有度是成年人的相处之美。"话不说满"是点到为止的智慧，这份留白可于方寸之内见天地之宽。

中华人民共和国国家勋章获得者、文化部原部长王蒙先生，在我心里就是一位懂得留白的人。王蒙先生荣誉至高，作为与共和国共同成长的作家，他见证了当代文学的发展和繁荣。他的作品《青春万岁》等具有开拓性意义，被译成20多种文字在多国出版，陪伴了几代人的成长。2019年，王蒙先生在人民大会堂金色大厅被授予"人民艺术家"国家荣誉称号，为国庆70周年献礼，他在天安门广场参与了阅兵庆典。得知有机会专访他，我的内心澎湃不已，能去了解人民艺术家闪光的一生，已然是我能想到的青年人之最幸运了。

采访当天，王蒙先生来到中国海洋大学，近90岁高龄的他行走有些不便。由于工作安排，我们的对话持续了30分钟。一位满身荣耀的人却鲜少提及自己身上的发光点，你就能懂得大家的风采不仅在于杰出贡献，更在于恰如其分的行事之道。王蒙先生是一位懂得留白的人，即不夸张、不满溢，既真诚表达又留有余地。

— 您怎么看待自己获得中华人民共和国国家勋章的殊荣？

— 其实跟那些为国家作出重大贡献的科学家、解放军战斗英雄相比，我做的一切都很微薄，这个殊荣是对我极大的鼓励。这次除了国家勋章和国家荣誉称号，国家还评选表彰了300名新中国最美奋斗者，这体现了党和国家对各行各业奋斗者的肯定，非常鼓舞人心。

王蒙先生的《青春万岁》被称为那个时代的"圣经"，所有从那个时代走过的年轻人无人不知其名，那是一份精神食粮，正向引导着前进时代的人的思想。王蒙先生功绩卓越却谦逊低调，懂得克制，将自己居于他人之后，这份低调是胸襟，是尊重，也是保护。获誉后，他的平静生活难免被打破，获得更多的注视，就更要时刻审视言行。此处的留白，留的是不自满、不自大，留住了低调谦和，留住了万全退路。此生与国家齐名，举手投足方可见大家风范。

　　－您现在近90岁高龄，接下来有没有什么特别想做的？
　　－我还要尽我的努力，继续奋斗、继续创作。现在，我又掀起了创作上的小高潮。除了写作，我每天坚持走八九千步，每星期游两次泳，我仍然是文学工地的第一线劳动力。一个老人依然拥有劳动热情，是多么快乐呀！

一位至高殊荣获得者能将自己比作"一线劳动力"，这种反差着实消解了很多"高不可攀"；当你听到他称自己为"老人"的时候，是不是觉得彼此的关系更近了一步？这就是王蒙先生的高明之处，言语中处处是留白。王蒙先生功成名就后依然不忘初心、继续深耕，就像不曾获得这份殊荣一样，让人增添了几分钦佩。反观现实中的你我，晋升为组长就要换一副神情，小小的嘉奖也恨不得让全世界都知道，字里行间全是"马脚"。听得懂对方的言外之意，且不把贪婪的意愿表达透彻，就算得上是留白了；而若能做到像王蒙先生这样甘愿放低姿态来拉近与他人的信任距离，结果将更得人心。

这次老先生的专访，也时常被我当作语言艺术故事讲给大家听。人的感官非常敏锐，即使捂住耳朵，我们也能从对方面部的每一丝抽动中体察到真相，因此不必提高分贝，不用大声喧哗，那些意味深长的好奇，都需要些许留白来彰显韵味。不着一字，而形神俱备，这是最好的回答。

在现实生活中，我们总是无意中把话说得很"实"，其实这种"实"并不能代表为人诚恳，反而会为自己招致很多麻烦。以下是几个常见的误区。

第一，实话实说。诚实固然是良好的品质，可在社交场合中，单一地去理解这个词会显得有些笨拙。除了那些务必要信息直达的时刻，你都要根据关系的深浅、场合的适宜度以及可能造成的后果等进行不同程度的考量。我们常说的"善意的谎言"，指的也是在某种场合下的非直接表达。这份留白可以护住你的口无遮拦，为你与他人关系的发展留有余地。比如，对方买了一件名贵的藏品，而你一眼就看出这件藏品可能有问题。按道理，你可以实话实说，因为你具备鉴别能力，且能够揭开真相，在你看来是做了一件善事。但反观对方，事情就不那么令人开心了，他首先会因为你的真话而陷入深深的自我否定，否定自己的选品眼光、辨别能力；同时也会产生很大的落差，为自己付之东流的金钱感到痛心和窝火，然后掉进痛苦的漩涡。而这一切在某种程度上是你造成的，而非藏品卖家。

这是假的，你被骗了，你花了多少钱啊？

这"一眼假"你都能被骗？你怎么想的啊，这都看不出来？

→还可以，成色不新，不过品相看着还行，我也不太懂。

→花了那么多钱买个开心，现在的消费都是图乐呵。

这两种沟通方式的差别很明显，前者讲实话且抱着问责的态度，后者留白并含糊其词。前两句的压迫感很强，加深了对方的焦虑感不说，还带有高高在上的炫耀嫌疑；而后两句则留有进退的缝隙，既不把话说满，又侧面地转移了重心，听者若有心，自然会想办法让事情再明朗些，只是那时的"明朗"与你无关，你无须负责；听者若无心，那么他的快乐没有消失，一切风平浪静。其实，多数问询者想要分享的需求远大于对真相的求索，若他真的需要你来鉴别，买单的那一刻你就会收到他的询问电话。无法会意他人的真实需求是一种灾难，谁说错下去不是一种美？重点是，你要不要成为那个实话实说的"破坏者"。

第二，交浅言深。我在自己的自媒体账号中分享的第一个爆款视频就提到了这一点，这个视频有幸得到了很多账号的二次编辑。看到数以千万计的关注者留言，我更加明白了这一条沟通禁忌的可怕之处。交浅言深，指的是对刚刚认识或交情不深的人，对某一事件进行过分的解释和剖析。因为缺乏社交底气，你总想以最快的速度获取他人的喜爱和信任，所以试图营造出"相谈甚欢"的气氛，顺着别人的意思不断迎合，结果却往往适得其反，原因就在于被对方一眼看明白了你的意图，反而筑起了心墙。

　　－你太优秀了吧，这么年轻就当了经理。
　　－哪有，我没那么优秀，刚好上次竞选多了一个名额，领导跟我的关系还行，想让我锻炼锻炼，就让我当经理了。
　　－你的皮肤真好呀，显得你面色真好看。
　　－没有没有，都是化妆化的，最近我还跟男朋友吵架了，好几天没睡好，黑眼圈都出来了，好看啥呀。

　　你是否觉得以上回答太过聒噪？是的，你一定深有同感。但单纯说声"谢谢"，又显得不够友好，因此你只能通过不断"抛出"话题来变得健谈。可若只是初识，这种奇怪的操作会让你立刻进入"社交冷宫"，因为交情那么浅，他人的夸赞及问询都是客气成分居多，在不确定对方是否真正感兴趣之前，贸然展开与自己有关的话题会很唐突且无礼，不断回应你反而成了别人的压力，他会认为你是一个没有分寸感的人，从而远离你。

　　－你好瘦啊，真美慕你。
　　－哎呀，我其实超级胖，现在每天晚上都不敢吃饭，好不容易才瘦下来几斤，不然以前的裤子都穿不上了。
　　→谢谢，少吃多动就可以了。

－你们两个是好朋友吗？

－对！我们俩这么多年一直相爱相杀，我们上学时候就认识，然后中间还绝交过，现在又分到一个部门，超级有缘分。

→是啊，我们认识很多年了。

留白在语言艺术中的表现手法之一，就是点到为止。对于交情不深的人，只回答字面意思也许能助力你们的关系有更长远的发展，而急于展开话题以换取信任的做法，无异于将自己暴露于丛林之中，你不经意暴露的琐碎，也许会变成猛虎，变为他人日后攻击你的武器。古文典籍《小窗幽记·集醒篇》里说："使人有乍交之欢，不若使人无久处不厌。"

轻言许诺也是人们常常忽略的问题。老子说："夫轻诺必寡信。"做出承诺是一件不必花费过多成本的事，结果好则皆大欢喜，不好则是自我添乱，你的人品、信用及口碑都会受到影响。因此，对于自己不确定是否能做到的事，不要许诺得过满。

没问题，包在我身上！

→关于这件事情，我先问问，有消息再给你答复。

你的事就是我的事，我跟政府那边关系都熟！

→他们最近比较忙，我尽量问问下周时间可否。

此时的留白，是留给我们自己的几分退路和颜面。人在性情中时，时常会不假思索地允诺出很多"情绪"，因此要避免陷入这种无意识的大包大揽，多使用"尽量""有可能""不一定"等进可攻、退可守的措辞，无论是否胸有成竹，都要给自己留有余地。

当然，也要尽可能地少使用"最""第一""绝对""肯定"等词语，这些字眼表达的意思太满，很容易引起歧义，听起来也有些偏执。同样，"我赢定你了""他根本不行""你一定离不开我"这些太过绝对的表述，也会消解对方对你真实水平的畏惧感，若你懂得留白，反而让人有了琢磨的空间。商务谈判中更是要善于利用这一点。

> 我们的供货商是甲级的，咱们合作的话最低的预算能做到 10 万。
>
> 我们也是同等级别的供货商，预算咱们可以具体谈，保证是同一批次的最低价，主要还是合作顺心，最后差几百、几千都好商量。

以上两家公司的说辞都是合理的，但第二家显然更胜一筹，因为他给足了客户想象空间。这份留白的魅力甚至比最低价还要吸引人，因为不确定，所以有了更多的商量余地，也为之后的合作留出了更多的可能性。人的本性是探索，限制对方的想象空间只会制约谈话的边际效果。

第三，要学会克制表达欲。当你出于各种原因想要深入展开剖析或炫耀时，要学会自我克制。当无法将留白作为艺术展现时，你可以先从"物理隔绝"开始适应，对一些无关紧要的人和事适当冷漠一些。比如，裸辞后正在到处旅行的你，在别人问到工作的时候，只需简单"编造"一个职业即可，不必赘述自己辞职的过程。学会不过多解释、形容、叙述，就成功开启了克制表达的第一步。

克制表达并非不表达，尤其是初识时与人交流，要营造轻松愉悦的氛围，不要把氛围弄得太压抑，也不要动辄就一板一眼地输出你的价值观，这是冒犯他人、给予他人压力的表现。

> 我这几天去滑雪了，挺开心的。
>
> 前几天去滑雪，结果跟男朋友吵架了，我们到现在都在"冷战"，玩得真不愉快。
>
> 我喜欢吃炸鸡，哈哈。
>
> 我喜欢吃炸鸡，我觉得人就应该随心所欲，想做什么就做什么，不压抑自己，不为了保持身材刻意规避快乐的东西。

那些让人轻轻松松能接上的话题就是好话题，需要他人思考该如何回复的就是反例。真正想要与他人建立良好关系，应该要考虑的是，如何让彼此相处得更舒服，而不是让他人看到一个"碎碎念"的你。

留白，是高级的艺术表达，是语言上的如沐春风，更是处世中的风光旖旎。逢人但说七分话，留有三分给自己。

当众讲话如何克服紧张

> 明明特别擅长表达，但一到人多的场合就语塞发抖？
>
> 私下模拟行云流水，当众展示却大脑空白？
>
> 被临时点名发言从来不顺利，肢体僵硬且逻辑不清？
>
> 有问题只想用文字叙述，一开口就呼吸急促？

当众讲话是很多人的噩梦，哪怕私下有停不下来的表达欲，但一旦面对观众就会被打回原形。不管是开会发言、日常谈判、据理力争、讨价还价，还是对心上人表达爱意，只要是正经说话的时刻，都像着了魔一样，语言系统立刻退化至幼年。这是没有实力吗？不是，仅仅是因为紧张。这种极正常的情绪，扼杀了多少藏在你身体内的可能性？

从心理学的角度讲，我们当众说话之所以会紧张，是因为大脑面临危险时会本能地启动防御机制。当检测到不利于生存的恐惧时，大脑就会自动进入警惕状态。这种状态会让人"干湿分离"，即理性传达分裂。简单来讲，就是我们的大脑无法精准传递信号给神经，而其中的干扰会让你的表达（行为）更加跟不上。因此，要想在人前说话不紧张，核心是要克服这种恐惧。

首先，不要期待完美的表现。没有人是完美的，也没有谁的发言能精彩到毫无破绽，重要的是不去期待完美的表现。根据我多年登台的经验，如果我战战兢兢、生怕出错，那一定会"如愿"出错。心理学中的墨菲定律讲的就是这个道理。越是期待完美，就越会聚焦困难；越是心态放松，就越会歪打正着。

不要有所求。如果你把讲话的意义看得太重，这会让你身上的包袱过重而迈不开步伐。正是因为太希望每次亮相都让人耳目一新，太想让对方认为你很专业、很厉害且气质风貌良好，所以你才会特别在意很表面的东西。比如，头发有没有遮住眼睛、衣服平不平整、声音够不够好听、大家是不是态度积极……一旦失误卡壳或是无人回应，你就会更加紧张。

其次，不要把发言水平与个人价值并论。一个人说话磕磕绊绊，并不会影响他管理企业的杀伐决断。尽管说话的水平可以体现一个人的情商和智商，但不能完全以此衡量其客观实力。请打破内心的枷锁，放下沉重的石头，不要错误归因。当众发言要求的更多是言之有物，它是实现目标的手段，而非结果。

其实，哪怕是很有经验的主持人，上台前都会有不同程度的紧张，你是不是没有察觉到？主持人不是会隐藏，而是将很多紧张和慌乱及时消解，所以他们可以像你看到的那般优雅。临危不乱的唯一秘诀就是多经历，当你的大脑对千万种最坏的可能都产生抗体时，你就会淡定很多。

如何克服紧张？下面分享几个好用的方法。

1. 大方承认

如果你突然被叫上台发言，那么大方承认自己紧张是很明智的方法。大多数人都能理解你在毫无准备的情况下有多仓促，所以这样做反而可以得到不少同情分。

> 不好意思，临时接到通知所以没有准备，确实有点儿紧张。
>
> 我今天有点儿激动，可能说话会语无伦次，请大家多多担待。
>
> 我平时不太敢在人前说话，生怕说错了，我太紧张了，大家能给我鼓鼓掌吗？

我一直认为，拥抱和接受现实会让我们整个人都变得舒展，以平稳的心态承认自己的不足，也可以为自己多争取一些喘息的时间，效果也许会更好。

2. 放松身体

因为太紧张而心跳加快是人正常的生理反应，此时我们意识到了危险来临，聪明的大脑已开始逃跑，但沉重的身体还停留在原地，所以我们才会有面红耳赤、尿频尿急等躁动的反应。这个时候，放松身体也是不错的方法。

放松身体除了深呼吸，你还可以跑起来。你没看错，很多人都会教你要找一个安静的地方静心宁神，放松心情；但登台多次的我明确地告诉大家，你一定要让身体适应心率，才能真的把气喘顺。如果空间有限，可以试试高抬腿；要是穿着不便，轻微地扭动身体也可以；有条件的还可以爬楼梯，总之离开令你焦虑的场所，让身体热起来，你会发现紧张的情绪真的会消失。

同样，我也不希望大家为了安神静心存太多舒缓音乐，你可以删掉那些舒缓的钢琴曲，换成节奏感强一点的舞曲，跟着节拍扭动身体，让身体发热。不要与本能对抗，既然无法平静，就不要勉强，让自己在短时内转移注意力是更优解。

3. 为自己守口如瓶

聪明的人懂得藏拙。这并不是要大家假装轻松，而是不必放大每一个错误。很多时候，台下的观众并没那么集中精神，他们会被手机里的内容吸引，会被现场发生的其他小事吸引，少数观众才会真正关注你说的内容。因此，哪怕你犯了错，也不要回头找补或露怯，你不言，我不语，大多数人都不会发觉。但你要是停止动作，表现出尴尬，那反而会引起大家的关注，就算没听到的人也会八卦地问旁人刚刚发生了什么，这多么得不偿失啊。

学会自己消化错误吧。要时刻提醒自己，你没有那么重要，除了你，没有人在意那些细枝末节，听众早已进入下一个课题。从内心相信自己，下一次才会更有信心。

4. 增强对内容的熟悉度

即使非常善于表达的人也有紧张的时候，他并不是害怕舞台，而是担心言之无物。当一个人不知道该说什么或不知道说什么合适的时候，内心是没有支撑的，心态随时会崩盘，因为他在自己的语言系统里无法检索出匹配信息。因此，一定要提前做好准备，这会让你更有底气。

不知道哪一次该做准备？我的建议是每一次。每一次主题会议、培训、聚会、商务谈判等，只要你参与其中，就要提前在脑海中模拟一遍过程，这花费不了你太多精力。慢慢你就会发现，在自己熟悉度更高、更擅长的领域讲话，你会更自信。发挥自如，受众反馈好，你会更加期待下一次，因为如鱼得水的感觉太好了！看到这里，你领悟到什么了吗？没错，你可以多从你擅长的领域提升信心。

5. 把握一切机会

如果不是天赋异禀，那么后天的大量训练是必不可少的。说话高手可不是随便参加某个口才集训营就能练出来的，一定要把握住生活中的每一个或大或小的机会，勤加练习，把说话这件事变得像吃饭、喝水那样稀松平常。

比如，日常开会讨论时，你可以多发表意见，自己有反对观点时积极提出，跟同事进行多于两个回合的辩论；日常聚会吃饭时，大胆地提杯敬茶，分享感受，送出祝福；公司年会庆典时，主动要求承担导演、主持人的角色，增加与人交流互动的机会；回答他人的问题时要尽可能详细；平时闲暇时多和销售员、食堂阿姨闲聊……

哪怕只是看了我的文章，你都可以在网络上找到我的自媒体账号跟我互动几句；实在不行，复述一遍我的观点也可以……这个世界给了我们那么多机会，随便抓住几个，就可以解你在人前变得紧张的燃眉之急。

6. 看图解析

小时候上作文课时，老师给出 4 张图片，让同学们说出其中的关联，然后根据关键词写出一篇文章，这是一种很好的触景生情的训练方法，可以很好地培养身临其境的感觉。有了这种能力，以后在任何一个场合，你都不会因为"没话说"而紧张到语塞。

借助风景图、人像图、绘本、漫画等，根据图片内容先描述画面构成，再猜测画面传递的感情，最后表达画面带给你的感受。不用过多描述，每张图片 10 句话即可。更简单的方法是，平时刷社交媒体的时候，你看到朋友的照片可以适当评论几句，除了"好美""好看"，看看自己还能说出些什么？一定记得把话说出来，而不是在心里默念，描述要细致，用词尽可能华丽复杂。坚持一段时间，你会收获惊喜。

当然，除了图片，你还可以慢慢加大难度，逐渐过渡到电影、书籍、话剧、小品……直到生活中的每一件事都可能引发你即时又深刻的评论，相信那时候的你，应该早已忘记紧张的感觉了。

紧张是魔鬼吗？不是，它不过是人们如影随形的影子。人人都有影子，不要恐惧，也不要自卑，它没什么大不了的。

第二章

从陌生到信任只需几秒

别让眼神出卖你

人的眼神里蕴含着丰富的非语言元素，哪怕是训练有素的人，在眼神中也会不经意间透露出真实的想法。人的瞳孔会在主体产生喜怒哀乐时发生变化，肉眼虽难以察觉，但会给他人带来非常强烈的情绪体验。它更多的是与大脑的潜意识相连，可以反映出情绪中的微小差别。即使不说话，我们的眼神也能够释放出不同的信号，如紧张、害怕、欣赏、厌恶等。那些"一眼万年""一眼定生死"，也不是没有道理。

我刚入行时，团队正在筹备一个真人秀栏目，还在策划期就赶上了某剧演员来青岛宣传新剧，节目组争取到采访名额，组员们都很惊喜。我当时大学还没毕业，对主持这个行业一知半解，而任务来得又急又重，一度非常紧张。当晚召集开会，我被通知第二天就要开机录制，还没来得及兴奋就陷入了困境——我该说什么？

现场的情况比预期还要慌乱，摄影师、导演都不太清楚要做什么，包括作为主持人的我。尽管前一天彻夜翻阅资料做功课，但22岁的我还是僵在录制现场了。面对光芒四射的人，人们很容易慌张，然后切换成追随模式，而不再平等看待彼此。现在我回想那种感觉，就是生怕搞砸，心里顾虑太多，加上艺人团队司空见惯的轻描淡写和诸多条条框框，结果就是——我"如愿"地搞砸了。

后来我多次跟朋友们讲起，当时录制的时候有好几次我和嘉宾面对面僵持着不说话，时间大约能有三秒。可别小看这三秒，空场三秒在电视节目中可是极大的播出事故。虽然经过剪辑后的镜头，大家已经看不出那三秒的空白了，但我的内心很清楚，这次专访并不完美。

因为害怕忘词，我总是在对方说话的时候看稿子，倾听的时候脑子里在构思别的话题，没能在对方说到精彩之处给予一个真诚且及时的表情……那种慌乱、不安、不确定彻底暴露了我的不自信。试想，当一个陌生人捕捉到你眼里的迟疑、躲闪、三心二意和隐瞒，他怎么会认为你是一个足够令人放心和专注的人？

再后来，我从中吸取了教训，不管遇到多么难应对的采访对象，我的表现总是友善、大方、得体，那些慌张、局促和不确定全都被我隐藏在了微笑里。

一个人的眼神是可以快速表现其内心活动的，人们会本能地尊重和追随看起来更稳重的那个人。因为沉稳、大方会被人们看作是内心更强大、认知水平更高以及处理问题能力更强的表现。人与人的交流有时会带着一层心理能量的较量，低势能无意识中会仰视高势能。

如果你的能力不足以完全撑起这种较量，那请你学会伪装，纵使内心曾有千层波涛翻过。

怎样识别我们的眼神是否合格呢？一个真诚的微笑是从眼睛开始的，当我们发自肺腑地高兴时，眼角的皮肤会皱成一团，瞳孔也会不自觉放大；而假意高兴只是微微动了动嘴角。如果你想要成为游走于人际的情商高手，你就要从此刻开始学会眼神练习，这种练习不是反复做一个动作，而是认真观察自己，观察自己的真情和假意在眼神上的不同体现，将这种眼神记忆刻进面部肌肉，此后遇到不同情况，就不会做错表情。

有时自以为的垂眼羞涩，在他人看来则是一种躲闪，人们经常将这种躲闪与不真诚、不值得信赖联系在一起。我们害怕与人对视，是因为害怕内心的空虚被人看穿，而这种行为恰恰降低了自己。不能真诚地与人对视，侧面展现了你的小心思过多，而这正是人际交往中的大忌，我们的潜意识里会格外提防那些眼神不定的人。

频繁的眨眼会令人感觉不适，这代表你很紧张或言行不一。这类人对于外界事物的感受性很强，为人处世很容易紧张。常言道："频繁眨眼的人爱说谎。"这类人总是为了面子虚张声势，描述事情过于夸张，又担心被看破，所以很少正视对方，只能用不断眨眼来释放安全感。如果想要取得别人的信任，这是你一定要克服的难题。

经常挑眉也是一种不友好的信号，代表了你的不屑与清高。我们常常可以清楚地分辨影视剧人物的面部表情，那些骄傲自大、奸诈狡猾的反派都挑得一手好眉。由于交谈时你看不到自己的样子，那些下意识的反驳和不认可都会化为不友好的挑眉，让对方一览无遗。在人际交往中，每个人都渴望得到认可，不要让自己的肆意发泄成为影响沟通的阻碍。

除了频繁眨眼和经常挑眉，还有一种情况是，虽然听得很认真但思绪飘忽，只是茫然地盯着对方，这会让对方感到沮丧。倾听者不能给予正向且及时的反馈，会被认为有些无趣，甚至有些不礼貌。"我说的话他好像没有听进去"，这种心态一旦产生，对方就会降低自己的倾诉欲，草草了事。如果你想做到让对方在你面前安心地滔滔不绝，请你及时给予眼神反馈。

眼珠不停转或眯起眼来审判，是算计和质疑的表现。我们常常形容一个心思缜密、诡计多端的人为"心眼多"，而一个聪明的谈话者往往会好好隐藏这些"算计"。愉快的对话是建立在彼此尊重的基础上，你作势审判对方，是把自己抬到了越人一层的位置，很难不令人生厌。人与人的交流不是辩论，更多的是信息交换，能不能让对方心甘情愿地对你说更多，才是衡量成败的标准，切记不要本末倒置！

眼部的细微表情是基于大脑传递的信号，有时候很难察觉，但如果你稍稍用心，是可以训练的。由于长期生活在镜头下，我经常检阅自己的表情，如果你没有这样的机会，那请把这些细微表情深深藏进你的潜意识里，让它成为你价值观的一部分。

外显于眼，发自于心，这是打开陌生人心防的一把钥匙。如果你想取得他人的信任，那就千万别让眼睛出卖了你。

俘获人心的沟通技巧

真的有人可以通过说话就轻松俘获人心吗？你可能要质疑，区区几句话都是表面功夫，怎么可能让人甘愿臣服？其实不然，哲学家维特根斯坦说过："语言的边界就是思想的边界，出色的表达能力，是一个人顶级魅力的来源。"这也许超出了你的认知，但高手往往一开口就赢了。在社交场合中，每个人的言行大多是其思想的外显投射，我们有时可以通过语言来判断其心意。

不要天真地认为说话很简单，如果你总是乱说一通或说得不合时宜，即使接触到了很厉害的人，你也很容易错失和他深入交往的机会。因此，想要让他人快速喜欢你，或与你站在同一战线，我们就要充分运用语言的魅力。

1. 记住别人的名字

卡耐基说过："一个人的名字对他来说，无论用何种语言表达，都是这世上最甜美、最妙不可言的声音。"如果能在社交场合中自然地叫出对方的名字，对拉近两人关系很有帮助。初识的人在较短时间内清楚地喊出你的名字，你会认为这个人记得自己、在乎自己，感觉自己是被重视的。相反，当你的名字被叫错或被忘记时，你会有一种被轻视、忽视的感觉。所以想要俘获人心，最简单的方法就是记住他人的名字，并且多多呼唤。

有很多称呼如"亲爱的""宝贝"，这些称呼的确没有呼叫壁垒，看起来不会出错，但只能说这是客气的代号。如果你有幸看到这里，请你千万就此打住。

亲爱的，你今天又漂亮了。

→和燕，好久不见，你又不一样了哦。

宝儿，给我递一下餐具。

→和燕，帮我拿一下餐具。

就是这个让你再熟悉不过的名字，依然可以让你怦然心动。刚认识不久，就以"和燕"二字称呼的，一定是那些想与你有较深联系的人，不然他大可用"哎""哈喽""美女"等来代称。尤其是"美女""帅哥"等词，已然烂俗到谁都适用，如果在初识的社交场合，如此称呼会显得你很不用心且极为油腻[①]。

今天很高兴，认识了几位美女、帅哥。

→很高兴啊，今天认识了李主任、王医生、张老师，咱们以后常聚。

名字是一个人的代名词，没有人想与某类人群混为一谈，"医生"与"小王医生"也千差万别。面对熟识的人也是如此，让他知道，他被你深深地记住，是比夸赞还要进阶的魔力。

如果你没有听清对方的简介或者忘了他的名字，尽量不要很随意地问他叫什么。实在忘了，可以用"亲爱的"暂时救场，私下问过后赶快纠正，不要留下一丝不用心的缝隙。虽说贵人

---

① 这里是网络用词，指让人不舒服。——编者注

总是多忘事，但下一次请你及时用笔记录，"看"比"听"更令人印象深刻，姓甚名谁都落实到纸上，你遗忘的概率也会大大降低。

名字是我们区别于其他人的标志，想要快速获得他人的好感，记住对方的名字是最简单明了的方法之一。叫出他的名字吧！对他来说，这是最美妙的声音。

除了记住对方的名字，记住对方的习惯和爱好也是很好的方法。一直以来，我都不怎么吃辣，聚会点餐时，熟识的朋友都会为我避开有辣味的菜。每当这个时候我都感觉很幸福，因为有人记住了我说的话，了解我的习惯和喜好，尊重它且愿意维护它，这很珍贵。平日里多多观察，用心一些，看看你的朋友喜欢什么口味，喜欢什么颜色等，下次见面的时候，在不经意间满足他，你会有意想不到的收获。

2. 说好第一句话

"话是开山斧"，高手往往一开口就能击中人心。人与人交往讲究首因效应①，第一印象、第一句话、第一个动作，都会影响对方对你的判断。因此，说好第一句话，对双方关系的发展意义重大。而说好第一句话的核心要素就是：保持亲和，打消防备。

保持亲和的有效方法就是表达赞赏，将你对对方的喜爱之

---

① 指交往初期双方形成的第一次印象对今后交往关系的影响，是"先入为主"带来的效果。——编者注

情用语言表达出来，辅以热情洋溢的微笑，主动释放示好信号，切记不可高高在上。

> 刘总，之前听说您很多次了，今天终于有机会见到您。我知道您很懂红酒，今天要跟您好好学学。
>
> 小丽，你这个发型做得太好了，显得你气质更好了！

对对方表达欣赏、喜欢、尊重和仰慕，是有礼貌的表现，也充分展示了你的亲和力。人们会喜欢上什么样的人呢？那就是喜欢自己的人。但是不要让你的亲和力太有痕迹感了，我们要做的可不是捧杀和奉承。

打消防备的利器之一，是利用你们之间的共通点。例如，同一个星座、同一所学校、同一个公司，这都会无形拉近彼此的距离，也会抵消由于初识带来的陌生感和不安全感。再热情的人也会在陌生的场合自动生成自我保护机制，如果彼此之间有一些似有似无的联系，那么你们能很快得到社交认同，相处起来也会更加亲近。

> 你刚刚提到王主任，你们的关系很好吗？我之前跟他是同事，好巧啊！
>
> 听你的口音有点儿像东北的，我老家也是那里，我们真是太有缘分了！

如果能在漫无边际的星空找到跟自己同频的星星，那么就像找到了港湾，至少在此时此刻，我们不再孤独。当然，你也可以提前准备一些热点话题或者有意思的题材，千人千面，看到不同类型的人可自行检索、对症下药。请时刻注意避免那些有失风度的话，窥探他人隐私也是大忌，无论是初识还是熟识，边界感很重要。

3.让他知道，他很重要

人性深处最基本的渴望就是得到他人的认可。尽管很多人都标榜自己不为他人而活，但谁都无法摆脱其影响，我们或多或少都在期待自己是那个有价值、令人满意、重要的人。缺乏陪伴的儿童往往不会认为父母不够负责，而是认为自己不够重要，那些得不到认可的黯淡时光，是需要一个人用一生来治愈的。因此，让身边的人感受到他很重要，是走进其心门的不二法宝。

认可他人并不代表你时时刻刻都要去阿谀奉承，而是随时随地用真诚的语言，认可对方的行为。比如，学会对服务员说："谢谢，给你添麻烦了！"这会使他拥有莫大的动力，因为他颤颤巍巍把烫手的浓汤端上来这件事被看见了，他的劳动得到了认可。

《人性的弱点》中有一句话："如果能得到他人的重视，很多人的生活都会因此改变。"而我想说，你——就是在看这段文字的你，我不知道你经历过什么，但请相信，你很重要，哪怕眼下一无所有，将来也值得最好的一切。

4. 学会解围

我们在人际交往中，会有很多尴尬得下不来台的时候，不管是说错话还是做错事，虽然大多是无心之举，但依然少不了铺天盖地的后悔和懊恼。这个时候，我们多么希望有人能出面解围，让这一切没那么难堪。学会替人解围，给对方一个台阶，既能保全他人面子，还能让尴尬的气氛得以缓解，这是赢得好人缘的大招。

首先，寻找一个难以抗拒的理由。比如，面对饭桌上那些无礼的劝酒，你可以替不胜酒力的同事找到一个很难被拒绝的理由——"吃了头孢不能喝酒""酒精过敏"等。在他人为难时，你的出现会令其感受到被照顾、被保护，哪怕结果不如你所愿，这个举动也会大大拉近你们的距离。

其次，为他的无可奈何找借口。有时候人们总是会犯一些不该犯的小错误，也正是因为错误太小，反而遭受加倍的指责。在这种情况下，你可以为对方找一个合情合理的理由，指出对方犯错是无可奈何的事情。

你最近确实太累了，也没休息好，事情太多，乱了头绪，不然肯定不会出错。

正常，因为你不了解这个行业，换谁都会犯错的！

最后，巧用幽默缓解尴尬。幽默是高手的撒手锏，任何尴尬在幽默面前都可以轻松化解。

你别拿人家年轻人开玩笑，谁说他们俩是一对了？我们俩才是一对呢！

刚才那个帅哥没理你？我估计他是高度近视，哈哈！

主持人的工作之一，就是尽量维护节目中的每个人都不陷入尴尬境地，这也成为我日常生活中的准则。学会替他人解围，不仅能让对方发自内心感激你，也有助于你树立良好形象。我认为一个人的最高修养，就是不让对方陷入尴尬境地，如果可以，请学会替他人解围。

5.得理也要让三分

人性的弱点之一就是"一吐为快"，如果自己占理那更是不愿吃亏，这种时候看似吹着胜利的号角，但却埋下了另一场战斗的雷。《菜根谭》中写道："处事让一步为高，待人宽一分是福。"学会放他人一马，不仅能让对方从心底里敬佩和感谢你，也会让你在不经意间得到帮助。

算了，这件事也不全是你的责任，我能理解。

没事，车位确实太少了，下次别再占了就好。

孩子被打了，我相信你们孩子不是故意的。

算了，你刚才骂我，肯定也是着急了……

每个人都难免有过失，都有需要被原谅的时候，我们必须试着宽恕一些人，这并不是怯懦，而是真正的度量。执是执非，点到为止。与人为善，对方会心存感激；如果一味地纠缠，非要战斗到底，反而抵消了对方的愧疚，最终两败俱伤。

6. 多说"我们"

这是极强的心理暗示，谈判专家以及政治学家都深有体会。"我们"代表了此时此刻，你我在同一战线上，拥有共同的利益和出发点，多说我们，可以快速拉近彼此的距离，对促进人际关系有很大的帮助。

在听一场讲座时，主讲人说"你想想看"以及"我们其实可以这样想"，二者的效果是不同的，后者会让你更容易有代入感，因为"我们"一词会让你不知不觉地参与其中，成为其中一员。你要学会把"我"放得小一点，不要过分突出和标榜自我的感受，那会被认为是霸道的、不和善的。

我想去看电影。

→今天晚上，我们去看电影好吗？

我特别喜欢足球，肯定能和你聊到一起。

→我们都很喜欢足球，肯定能聊到一起。

把"我"换成"我们"，多以"我们""咱们"作为开头，你表达的语言会更贴近人心。想想可爱的东北朋友，为什么说起话来都特别亲切？因为他们时常把"咱们"作为主语，哪怕是批评人，也会更容易被接受。比如，把"你这事办得太差劲了"换成"这事咱俩都有问题"，对方可能就不会反驳了。

身边那些深谙说话艺术的人，在日常沟通中很容易俘获人心。用语言打动别人，不仅能让对方快速喜欢上你，也能体现出你的人格魅力。这个时代对实力的定义，不仅指能力的强弱，还有你个人软性价值①的转化及呈现。

以自在的态度面对与你相距甚远的人：对话莫因·哈克、蔡澜

在近10年的电视主持人生涯中，我主持过的最高规格仪式就是中巴建交70周年暨巴基斯坦文化节的开幕式，那天出席开幕式的是巴基斯坦驻华大使莫因·哈克。由于工作原因，我时常与不同的人打交道。起初，我总是表现得很慌乱，后来经过努力调整，待人接物变得顺畅了，我着实感受到了这种变化。人们总是说心态决定一切，这听起来很像是一句没有任何指导性的话，但仔细品一品，这句话里的处世之道足以解决你在沟通中的很多问题。

莫因·哈克本人非常随和，工作结束后主动前来与我交谈，还友好地邀请我合影，大家食冷餐、喝香槟，有说有笑，那个画面我仍记忆犹新。时常有人问我，怎么与大人物相处？我总是这样回答，其实大人物无须刻意相处，他自会调整参数来配合你，甚至主动向你抛出橄榄枝。很多人不相信，认为我有所

---

① 指需要在两个人相处之后才能慢慢发现的价值。——编者注

保留，其实不然。比如你去支教，不管你成绩如何，那里的学生都会认为你是大人物，都想在你这位老师面前多多表现，那时的你是不是一眼即可看穿？得益于大人物的高情商，那些未说出口的需求都会被捕捉到，这是一种"我已走过一遍"的驾轻就熟。因此，我并没有保留，也就是说，面对位高权重者，你只需以最坦然的态度面对就好。

为什么坦然的态度会让你发挥得更自然？那就要先分析一下"位高权重"的意思了，如果你认为"地位高、财富多"就是位高权重的话，那就比较片面了。很多人自己的父辈、祖父辈都是高位之人，为何不见你在他们面前战战兢兢？要我说，真正让你产生畏惧的并不是此人的"位高"，而是你的贪心过重，太着眼于结果。都说手里的沙握得越紧，洒得越多，这不无道理。你越想展现什么，越想得到什么，就越无法表现出真实的自己。眼神中带着目的，言行中有些刻意，所有的一切都会被对方捕捉到。一个不自在的人，身上的磁场是不纯粹的，所有的杂念汇集在一起，反映在你每一个眼神和动作中，甚至是面部肌肉里。而自在会让你褪去功利，放松地享受，真诚地表达，你要相信这会使你获得更多认可。

然而，很多人往往会陷入误区，为了抓住机会，不遗余力地展示自己，我称为"秀肌肉"。比如，不停地吹嘘战绩、有意无意地攀附关系、口无遮拦地提某人名字……人有时候要学会藏，不是藏锋，而是藏拙。我这样讲并不是让你放弃争取，而是要你体会这种微妙的社交心理。对于位高权重者来说，与你的相识并不会为其带来多大的实际利益，因此面对你时，对方抱有的是很轻松的心态，而你的过分展示则会打破这种舒适感。

再换个简单的例子，两个人相亲时，那个奋力卖弄自己的人，是不是更容易紧张？在电梯里遇到领导，除了说一句"领导好"，你是不是什么都说不出来？生活中有太多这样的情形，越是想好好表现，就越会弄巧成拙，最终都会"如愿以偿"地搞砸。归结其原因有三个。

第一，太关注自己，害怕出糗。罗素在《幸福之路》里讲过，对自己的过分关注并不能引领你去做任何进取的活动。很多人都会陷入一种"自我沉溺"的怪圈，认为总是有人在无时无刻关注自己，于是害怕出错，担心出糗，特别在意事情的结果。罗素有一段时间受邀给各高校及机构演讲，由于担心忘词，他怕到手心冒汗，但是越紧张身体就越不受控制，甚至脑子里一片空白到语塞。其实你我都有如此紧张的时候。然而真相却是，他人的目光不见得会一直在你身上。你以为自己出糗了，也许对方正在想晚上吃什么，切勿夸大了自己的重要性。

第二，目的性太强。若喜欢一个人，切勿给对方太多压力。你可以尽量轻松地与对方接触，这样就不会有那么多惹人生厌的"展示欲"；同样，电梯遇到领导，如果你能不担心自己的形象好坏，不担心对方是否会因为你的几句话喜欢或讨厌你，那你就可以很轻松地面对。不知道说什么就沉默，不聊工作就聊聊家常。为什么很多生意都是在茶桌或饭桌上谈成的？因为轻松愉快的氛围更能达成目标，所以请别着急。

第三，无法挖掘自身的优势。虽然时常"秀肌肉"，但你并未真正了解自身的优势与高位者的匹配度。求人办事只讲究一个"求"字，能否成事那就仅凭运气了。前文提到不能自我沉溺，当然也不能妄自菲薄，试着挖掘自身的价值，而后精准地抛给对方。当你对事情的走向把握得越准，你就越能坦然面对，也就不会那么战战兢兢了。

以上三点是你在沟通过程中无法做到坦然的根本原因，只要寻到根，就可以对症下药，解决问题。话说回来，如果是你，面对巴基斯坦驻华大使时，你会想要展示什么呢？如果你与大人物只有一面之缘，你想要给对方留下怎样的印象？

这就不得不提到我 3 次专访蔡澜先生的经历了。蔡澜先生与金庸、倪匡、黄霑并称为"香港四大才子"，是著名美食家、作家、导演、主持人。我连续 3 年专访他，现在回头来看，也算是一个成长案例了。第一次见到他时，我非常紧张，功课做得也不够充分，访谈整体节奏不够流畅，只是按照台本走完了流程。第二年见面，他认出了我，乘坐电梯时主动向我问好，这一年的专访，我表达了很多自己的观点，两人的互动也和谐许多。第三年再见到他时，我已成熟，也没了"包袱"，加上"老友"情怀，我们相谈甚欢，轻松自在。这 3 年的改变，究其原因，有我个人阅历的增加，但更多的是心态的放松。我逐渐了解到，一个人对你的精准评价，往往不源自某一次见面的固有印象，而是多次见面后既定印象的叠加。也就是说，你是否可以持续性地展示某种特质，让其对这种特质产生信任才是关键。持续输出才会让一个眼光严苛的人对你逐步产生好印象，所以，想单凭某一两次的见面就达成你想要的社交目标，就太不切合实际了。这时我再回答前文的问题：面对不常见的大人物时，我们到底要展示什么呢？

简而言之，得体就好。不扭捏、不做作、不张扬，放下包袱、放平心态。就像是参加一场稀松平常的酒会那样，把对方当成平易近人的朋友，轻松自在应对就好。

人与人之间除了外在的互动，也夹杂着内心的小剧场。这些小剧场把我们包装成不同的演员。遇到欣赏的人，心里虽然激动但又时刻提醒自己不能太过热情，因此无法自然地表现出开心，此时你用精妙的演技来表达镇定，反而显得很笨拙。

想要改变这种失常行为，你需要做到以下几件事。

第一，记住你成功的样子。比如，你不再刻意讨好别人，渐渐从对方的眼睛里看不到鄙夷了，记住那种感觉，不断重复，逐步为自己增加信心。尽管你依然可能失败，也不要再自我苛责。学会删除失败记忆，只记得成功的那一部分。

第二，学会听音乐。要想变得自在又放松，很多人会推荐钢琴曲或轻音乐，我并不赞成。人在紧张时，总会感到心跳加速、体温升高，这也许是某种害怕或恐惧的情绪触发了身体的应激机制，此时，你要听的是较为欢快或动感的歌曲，把无法通过深呼吸排出的废气，随着律动代谢出去，微微出一些汗，你会舒适很多。

第三，冥想。你无法做到坦然，终究是因为内心的枷锁太多，如果只是教你几句场面话，那也只是所谓的"术"，无法解决你在社交中的难题。而真正的"道"，是要直面内心的小剧场，分析每一场戏中的每一个人物，尤其是你自己。你可以通过冥想提升专注力，让混沌的思想理出清晰的主线。不要着急，你的焦虑、恐惧、担心和害怕与你的整个生命历程有关，它们无法在只言片语中被瓦解。当你发现问题，并学会解决它时，你会发现良药竟是自己。

请记住：下次，你不会再搞砸了，因为没有人要求你一定要做到。不管面对与你相距多远的人，你都要拿出纯真的本我去坦然面对。

共情的力量：对话魏世杰

人越成长，就越会发现，这个世界上没有真正的感同身受，再相似的情绪也有差别，但人们还是渴望被理解、被看见。这是一种罕见的情绪共鸣，谁掌握了开关，谁就可以让对方深深依赖自己。然而现实却是，没有人真正有耐心且能够透过表象看到你的需求，世间万物都有它的保护色，人更是如此，想要在层层枷锁中看到别人，本身就不是一件简单的事。

回想成长过程中遇到的人，你更偏爱谁呢？是不是那个让你偷偷吃零食的奶奶？护着你不被妈妈打的爸爸？失恋了陪在身边的姐妹？为什么他们如此令人信任，甚至让人觉得无法离开？究其本质，就在于他们能够真正地理解你的内心。当一个人内心深处的委屈、愤怒、恐惧被你看见之后，就会对你产生像小孩子一样的依赖感。在谈话中，这种情感共鸣更能快速拉近两人的距离，为你们后续关系的展开夯实基础。这种情感共鸣还有一个响亮的名字——共情。

魏世杰这个名字，我起初很陌生，但了解了他的事迹之后，我感动得久久不能平静。2018 年，魏老参加了《朗读者》的录制，也让大家真正认识了他。他是著名的核物理学家，隐姓埋名 26 年，与邓稼先、钱三强等共同为"两弹一星"事业奉献了一生。魏老所在的爆破组天天与炸药打交道，作业中曾目睹 4 位同事因失误被炸，工作的保密性质让他们与世隔绝。他们隐忍坚毅，最终取得了彻底的胜利，为国家做出了巨大贡献。然而半生为国，半生为家，80 多岁的他退休后还要照顾有智力缺陷的儿子以及患精神疾病的妻子和女儿……见到魏老之前，我反复观看《朗读者》的片段，感慨镜头里老人的铮铮风骨，感叹他不凡的风貌和谈吐。而见到本人的那一刻，我却不禁潸然泪下……

他穿着很简单的衬衫，不是那种挺阔的材质，也没有因为上节目就稍作打扮。脚上是一双很朴素的胶鞋，迈着蹒跚的步伐走了进来，出走半生仍未改变的乡音，更是拉近了他与普通人之间的距离，就像是公司楼下时常碰到的老大爷。如果抹去前半生的光环，他看起来确实很普通，甚至会被淹没在人群里。起初我的心情就很复杂，面对为国效力的大将，我满心期待；

而一想到不得不提及他凄苦的遭遇，我又无可奈何……生活的苦难是怎样砸到这个老人身上的？生命的顽强又是怎样支撑他还能微笑面对当下人生的？

如果仅通过上述文字，你就可以领会我想要表达的感情，那你已经掌握这一节的关键了，那就是共情。第一，你一定要具备足够的心理能量去体会对方的情感。这听起来很简单，很多人却无法做到。当魏老提到亲眼看见4位同事被炸牺牲时，你的第一反应是什么？同情他？为他失去同事而惋惜？好像没错，但又有些自作聪明了。人面对鲜活的生命在自己面前死去的反应更有可能是害怕。没有人不怕死亡，尤其是魏老这种随时随地"面临"死亡的人。他的生物本能更应该是害怕且担心自己的遭遇，而痛苦、惋惜等一系列复杂的情绪都是在确保自己相对安全之后产生的二级心理情感。

啊？您一定很难过吧，这些都是朝夕相处的同事啊。

→当场爆炸？您躲开了吗？天啊！吓坏了吧！

以上两个例句，就是自作聪明和感同身受的真实区别，这是共情最基础的一步，如果这一步错了，后续的对话也都会偏航。

对啊，无法想象，他们前一秒还跟我有说有笑，下一秒就被炸了！

　　→我真的……吓得喘不上来气，从来没想过我做的事会这么危险。

　　以上就是根据不同共情方法得到的大概回应，第一句话由于把重心放在了同事身上，作为被道德感束缚住的正常人，此时就不便再多提自己了；而第二句话把重心放在了本我感受，得到的才是不掺杂质的更趋于真实的答案。

　　第二，替对方说出未曾表达出的脆弱。你要努力体会对方"冰山"下的情绪，这些情绪往往代表了他的内心，出于自我保护，这些情绪会被隐藏。有时是欲盖弥彰，有时是闭口不谈，抑或是顾左言右，不论哪一种，都需要你见微知著。这才是共情的主要部分。

　　关于魏老的妻儿一直是我不想提及的话题，因为在我的价值观里，没有人愿意把自己患病的妻儿在公众媒体上被当成话题反复讨论，这很让人为难，既为难了我，也为难了魏老。但想了想，魏老之所以疲于奔波不断地露面，也是希望能为家人多争取一些关注和关心吧。于是，我狠下了心，决定直面这些话题，正当我抛出"家人"二字紧接着斟酌措辞之时，魏老却自己打开了话匣子。他的表情非常轻松，就像是说昨晚看到的电视剧一样。

　　我儿子每天都乐呵呵的，总是因为听到一首歌就开心好久，他是我见过最容易开心和满足的人。

听到他这样说，我从内心深处感谢魏老，感谢他为了不让旁人跟着担心和为难，把生活中的苦痛如此轻描淡写地讲了出来，苦中有笑，笑中有无奈，无奈中还有接受。然而，如果你把这段话理解成乐观洒脱，那你的共情力还需要提升。有时，听懂他人的弦外之音不失为一种更可贵的品质，人们常说的"知音"，或许指的并不是聊得来，而是听得懂。

他平时喜欢听歌？那还挺好的，他每天都能无忧无虑，您也轻松点。

→有时候想想，您拼搏了一辈子，好不容易到了享天伦之乐的年纪，却还要照料3位家人，我无法想象这有多困难。您说您的儿子活得简单又单纯，这也算是一种宽慰了吧。

这两句话明显区分了共情是否真正发生。第一句话停留在表面，看似在关心对方，实则不痛不痒。对方的回答也仅是围绕听歌一事展开，没能找到切入口引出更多内容；而第二句话则表明说话人看到了魏老乐观态度下的心酸和不易，并且能够充分将其表达出来。对方会因为你的体谅而陷入沉思，从而迸发出更多的真实情感。也许对方回答不出什么具体内容，甚至会陷入沉默，但情绪一定进入了更深一层。如果你能将别人未被看见又不便多说的脆弱讲出来，共情才真正发生了。

我们时常忽略语言的巨大能量，总觉得"懂的都懂""不必多说"。这与我们的内敛文化有关，也与现代推崇的默契有联系，好像别人天生就应该了解你。其实不然，人与人之间存在着巨大的感官壁垒，即"子非鱼安知鱼之乐"，所以当你无法深切体会对方的情感时，也可以用语言试着表达一些共情。

比如，对方说："今天好累啊。"你说一句："辛苦了，累的话就什么也别做了。"至少对方会认为他的付出被看到了，也被深刻地理解着。如果一味地指责对方，或者抱怨，那只会将对方推得越来越远。当然，当你们的关系进入平稳期后，很多人也会把这种无形的"求安慰"看得稀松平常，慢慢不再回应。试想，当一个人的需求不断地被否定、被忽视时，他再次表达的欲望会不会减少？

同样，当孩子兴高采烈地告诉你分数时，哪怕不是100分，你也应该跟他说："你很棒，已经比上次进步很多了，还可以再接再厉！"而不是一直碎碎念，怪孩子没有得100分。孩子对于100分、80分、65分的概念区分也许不是很大，但他们对父母的评价更敏感，对父母的表扬更向往。这种言语上的肯定，甚至超过了一颗棒棒糖的力量。

第三，不要试图去讲道理，不要替别人解决问题。生活中常常出现这样的场景，丈夫抱怨工作压力大、同事相处不和谐，妻子下意识地为其想办法，自顾自地出谋划策，但丈夫却听得不耐烦。这时，妻子会感到莫名其妙："难道你不正是需要这种帮助吗？"善于出主意的你，在某种程度上其实是否定了对方此时的感受。换句话说，你并不懂他真正想表达什么，你只是在表达自己。

你为什么不这样跟你同事说？我保证他不敢反驳！

压力大就别干了，我养你！

我听说你们那个项目要换领导了，坚持坚持呗。

→你今天跑了一天，辛苦了。不过你同事太气人了吧，我听着都生气！

以上四句话表现出来的共情各有不同，每句话都在不同程度地传递信息，有提供建议的、有透露信息的、有想逗对方开心的。唯独最后一句话，没有任何实际意义，感觉只是一句废话。然而，我们往往就是需要一句废话，没有任何额外信息的很普通的一句废话。

人们有时讲共情，是希望你足够温暖、体贴，察常人所不能察，给常人所不能给。希望你成为他的眼睛，去看他的世界；穿他的鞋子，走他的心路历程。但人们往往又会自作多情，认为自己想给的就是对方想要的，为什么说"知己难遇"，并不是出主意的人少了，而是没人懂得，我从未要过人生建议。

在我跟魏老的交谈中，他主动提及为家人做的一些安排。比如，给患病的儿女交了几年保险，这样他们以后就可以衣食无忧。由于妻子也身患重病，再加上儿女双双不能自理，于是魏老又对妻子的日后保障做了规划……看到这里，想必很多人都迫不及待想要提出一些建议：把孩子送到救助院、筹集善款、拍广告赚钱……

但是，魏老已经把生活修补得很好了，你提出的这些不成熟的建议只会让他再次陷入焦虑，甚至怀疑现在做的一切还不足以保障妻儿的生活，而这种恐慌情绪的来源，仅仅因为你没忍住的说教欲。为什么我们总是急不可耐地要给出建议或是替别人做决定呢？可能，在共情的当下，我们无法承受那种失落的情绪；也可能，我们想要通过给予价值，来证明自己存在的意义。而这两种原因的出发点都是你自己，但自我永远不是产生共情的核心要素。

成为一个会共情的人必然不是一件简单的事，想要在生活中润物细无声地给别人传递能量，还是需要在漫长岁月的点滴中，有意识地培养共情能力。培养共情能力无外乎就两点：觉察世界和觉察自己。

柴静在《看见》中有一句话："宽容不是道德，而是认识。唯有深刻地认识事物，才能对人和世界的复杂性有所了解及体谅，才有不轻易责难和赞美的思维习惯。"觉察世界，才会对花开花落有客观的理解和评判；觉察自己，才能真正让你做到体恤温良，与人为善。

共情的最高层次，也是生而为人的至高境界，就是悲悯。这是一种克服了自我欲望的极高修为，也是为人处世极为珍罕的品质。人一旦有了悲悯之心，哪怕远在天边的鸟儿迁徙，也会牵动你的情绪。我们在无形中与这个世界相连，终于不再像一个与世隔绝的岛屿那样孤存。

从陌生到信任只需几秒：对话阎维文

人会对什么产生信任呢？

人的本能是不信任。从远古时代起，人类就要面对战争灾害、野兽侵袭、偷抢掠夺、亲子背叛……这种生物本能直到今天也未曾改变，我们穿衣服、建房子、上门锁，无一不是在保护刻在基因里的那份不安。想让陌生人信任你本就是一个伪命题，所以你无须太懊恼，哪怕面对至亲，我们也会给智能手机设置密码，也会在欠条上画押，何况是只有一面之缘的陌生人呢？了解了这一点，你的心态就应该平和一些，不要因为对方的冷漠、忽视而感到尴尬、羞愧。

我们之所以会反复挂断推销员的电话，会刻意疏远暗戳戳地询问工资的同事，会不断举报深夜装修的邻居，甚至会对刚见面就举止不得当的相亲对象瞬间无感，本质都是无法接受自己的边界被打破。这种越过安全感边界的挑战，正是不安的来源。所以，想让陌生人信任你，首先你要找到他的边界在哪里，他会因什么而不安，然后轻轻绕过即可。

几年前，我去现场看了一场足球赛。在观看比赛的过程中，我一个平时几乎不看足球赛的人都热血沸腾。足球的魅力在于只要换上了相同颜色的球衣，所有人都只为那一个颜色呐喊。

比赛结束后，我们驱车去了一家餐厅打算庆祝比赛胜利。巧的是，我们支持的那几位球员也出现在那里。凭借身上相同颜色的球衣和中国人常说的缘分，我们与那几位球员很快搭上了话。他们友好地邀请我们同坐，一同被邀请的还有两个学生模样的男孩。我和我的同伴都算是见过不少场面了，除了与他们开心地聊天，并未提出合影。我对足球算不上喜欢，所以并没有沉浸在话题里，其他人倒是很投入，情到深处还称兄道弟起来，场面很是热闹。尽管在这种状态下，我依然能察觉到球员和工作人员微醺下的机敏，那是一种类似条件反射的防御机制，他们像时刻上了发条的钟，不敢有一丝松懈。

不愉快的事还是发生了，在我洗手回来的时候，房间里已是对峙的状态。原因是同坐的男孩偷偷录了一段视频，被球员们发现了。公众人物都不太愿意曝光自己的私生活，这是他们的边界，你应该学会维护。

我至今都没在文中提到球员们的名字，虽然已是很多年前的事，但我还是选择保护这种边界。对方也许会看到，也许不会，无论如何，我相信这份善意会让我得到更多信任。

我曾很多次走进学校，如果说采访大人物是高三数学考试的最后一道题，那采访小学生就是我看不懂的工程代码。我为此做过很多功课，比如，了解孩子们在玩什么游戏、追什么星、有什么流行语，或者带一些糖果，虽然以上准备我认为已经足够了，但我还是败下阵来。

如果你在童年时期常常登台表演，那你应该明白那种身后跟随一支"后勤队"的感觉。哪怕你只是站在台上充当毫不起眼的小角色，家长也恨不得把亲朋好友全召来为你助威。本以为有了亲属支持的孩子会更自信，谁知开机之后，他们木讷到"后勤队"都跟着尴尬。化了不适合的妆、梳着不天真的发型，他们像傀儡一样干坐在那里。我也不知道是碰到了哪些雷区，怎么都哄不好他们，最后我只能挤牙膏似的教一句，让他们学一句，这样一来，整个访谈内容还算有得可用。

我有时候在想，小朋友们到底在想什么，他们真的不敢说话吗？我灵光一闪，回到我的童年，闪回无数个登台前的候场室，我好像明白了。印象中，我没那么喜欢舞台，并不在意灯光，也不执着于取得多优异的成绩，我追求的好像就是不出错、不破音、不跌倒，因为出糗的后果会成为围观同学一整年的笑料。另外，我练了那么久，哪敢给"后勤队"丢脸，哪敢给"别人求之不得的机会"丢脸？相较于失败，我更害怕搞砸，这些来自四面八方的压迫感才是我登台前最恐惧的事。

后来每一次采访孩子时，我都会为他们清扫这种障碍，那些陪同的"后勤队"——全程举着相机拍照的家长，还有因为好奇站在旁边的同事、领导和围观人员，都会被我"请"出去。

> 大家理解一下啊，现场需要保持安静，请到门外等候。
> 有人在这里，他们放不开，回头你们看成片吧。

每次说完，我都能从被访者的眼睛里读到"感谢"二字，他们是真的感谢我，感谢有人维护他的自尊。

孩子们终于松了一口气，在采访室里跑来跑去。不得不承认，爸爸妈妈不在时孩子更放松，也更真实。

其实我也是如此，虽然从小就开始登台了，长大又在不同的场合历练，我依然希望开机的时候不要有人围观，不要有那种"看你怎么表现"的眼光投过来，尽管我的技能完全承接得住，但我依旧期待有人能说一句"都别看了，各忙各的吧"。

如果此时没人说话，那你能不能来扮演这个人？

他不想回答这个问题，我们聊点别的吧。

你第一次过来吧，别着急，我带你转一转，认识一下大家。

这是一种体恤，是出于内心最本真的善意，没有谁能抵挡住这种力量。人与人之间的沟通和博弈，本质上与说出口的话无关，更多展现在心理能量的加减。要想获得他人的信任，底层逻辑是要找到你们之间相同的立场，让对方明白，至少在这个场合里，你们站在同一战线。

不管我们的社会属性有多坚硬，我们的生物属性都想要被他人温柔以待，所以请尽量抚平他人的不安。

人们往往会对那些与自己有较强连接的人产生信任感，如亲人、青梅竹马、同学、同事等，由于你们生活轨迹重合的部分较多，可以让你在漫天无边的星际里找到一些归属感。这也就不难理解为什么"老乡见老乡，两眼泪汪汪"了。对于陌生的两个人来讲，哪怕你们的生活轨迹只有一丝丝重叠，也可以在短时间内快速拉近彼此的距离。比如，读同一所学校，使用同一款产品，认识同一个人，同属一个星座，甚至在同一家店吃过饭，这些都是被我们认定为"安全、熟悉"的证据。

每当要访问一位嘉宾时，我都会从他的资料里寻找这种重叠。有了这些重叠，我甚至无须再赘述场面话，对方的天秤自然会向我倾斜。

刚知道要专访阎维文的时候，我是兴奋的。这种级别的公众人物几近透明，你可以从各大新闻平台、论坛贴吧、访谈栏目里了解关于他的一切，甚至我在家随便问一句，都会有狂热的粉丝——我的母亲来热情解答。

"你知道阎维文吗？""阎维文？"不出所料，母亲向我介绍了半小时的阎维文个人情况。但我知道只搜集这些老旧信息显然不能让访谈出彩，对方也只会觉得我不过是个功课做得不错的主持人，没有惊喜，只是例行采访罢了。

于是，我在海量信息里疯狂浏览，一目十行地想发现一些新鲜的东西，我一路追随到社交平台，翻了很多页，终于在快放弃的时候眼前一亮。

阎维文老师爱吃面，每到一个地方，随手拍的日常中总会有当地特色的面食——卤面、汤面、干拌面，各式各样应有尽有，同样爱吃面的我觉得找到了自己想要的东西。

爱吃面的人性格一般比较豪迈，在中国人的饮食文化里，北方人多吃面食，而阎维文老师的出生地恰好是山西。虽然他踏遍了祖国河山，但歌里唱的一直是家乡，年过半百，味蕾还是小时候的样子，那家对他来说意味着什么？离家又意味着什么？这条线越来越明朗。

你也许要说："他是阎维文啊，肯定很豪迈！而且作为军人，常年在外，他肯定会想家，这还用说吗？"确实如此。那如果他不是阎维文呢？如果他只是你身边不曾了解的普通人呢？你是否能通过一碗面，找到这些？

见到他时，我没有自作聪明地讲述我的发现，而是轻轻地问了一句：

您来青岛吃什么美食了吗？

那您一定要尝一尝芸豆海鲜面，这种做法只有青岛有。

您也喜欢吃面吗？对了，您是山西人，山西的面食名不虚传，我上次去就……

有了微弱的连接，你们就不再是毫不相干的人了。我们聊得很开心，打开了熟悉的阀门，对话就顺畅了很多，不再是一问一答的采访模式，而是有来有往的交流模式。专访结束之后，我向阎维文老师推荐了一家面食店，当时我心想：如果场域再合适一些，我会想办法和他一同前往吧。不过，不同的际遇，我们要有不同的策略，人与人的步调要顺势走才好。

找到他的"心之所向"

俘获人心其实没有那么难，只要找到他要去的方向，与他站在一起，你会很快取得信任。

《人性的弱点》中有一个观点，认为天底下只有一种方法可以促使他人去做任何事，那就是给他想要的东西。

每个人或多或少都有目的，只是有些隐藏在潜意识里，不那么明显。在同一场聚会里，人们乔装下的心思各有不同。把酒言欢、谈笑风生的人可能是为了卖东西，而坐在角落里一言不发、独自品酒的人才是为了交友。

如果你对独自品酒的人聊红酒的产地，那对方也许会不知所措，喝酒本就是为了缓解尴尬，但你突然的打扰也许会带来另一种尴尬。分不清对方的真实目的，会拉长你们获得彼此信任的周期。

阎维文团队的此行演出是研究生合唱团的全国巡演，几天的排练、演出、复盘让团队的每个人都略显疲惫。虽然我们聊得很起劲，但要真正提起对方的兴致，还是要找到他坐在这里的核心原因——宣传巡演。

"演出的主题是什么？大家去哪购票呢？"其实你无须问这些，对方也会用心介绍。问题问得好，再困顿的人都知道要打起精神。

每个人的内心都更倾向于接近那些能满足自己需求的人，这些需求有时不便明说，但你要有能力精准地捕捉到，并且善意地去满足。回想一下，当你吹嘘自己时附和你的人、当你进入新团体时主动为你介绍朋友的人、当你费力拉选票时为你美言了几句的人，这些人是不是都闪闪发光，而你本能地对他们产生了信任呢？

有一段时间，我们栏目将演播室设在各大峰会论坛，以便专访与会的企业家。多数企业家都行色匆匆，助理不断提醒要缩短对话时间："董事长时间有限。"对于商人来说，确实没有必要浪费时间在无增值的访谈上，但对于我来说，每一个坐在这里的嘉宾都要尽可能地言之有物。如果只是草草了事，录制过程太赶不说，播出去的内容也很难说服观众。所以在争分夺秒的时刻，我往往会从对方的核心目的下手。

介绍一下您的项目吧。

这次您带来了什么合作项目？您期待得到什么样的支持？

只要与他的正向利益相关，他都会聪明地抓住机会，之前约定好只有 20 分钟的访谈时间，也会被不知不觉拉长到 40 分钟。没有什么是一成不变的，你只需再用心一点，从陌生到信任就很简单了。

警惕你的隐形攻击

在人与人的交往中，说话是最能直接展现自身素养的方式。但现实往往不以学术及受教育水平的高低为评判标准，大多数人是无法真正做到好好说话的。我们的语言总是带着情绪，可能是挖苦嘲讽式的揶揄，或是口不对心的反话，抑或是烦躁敷衍的潦草回答，还有下意识地否定和打压，那些不好听的话就像尖刀一样时常从我们的口中发出。请一定要警惕这种隐形攻击。

明明想表达"天冷多穿衣服"，说出口的却是"穿这么少，感冒还不是要花我的钱"；明明已经原谅了迟到的人，却要在见面后反复提及"谁让你一直耽误时间"；明明想交朋友，却因对方不够热情而不断阴阳怪气。心理学家马歇尔·卢森堡在《非暴力沟通》提到："尽管我们可能并不认为自己的说话方式是'暴力'的，但我们的言语却时常引发他人或自己的痛苦。"回想一下，你是否曾通过言语、态度、神情等方式，向别人表达过因被不平等对待而积累的怨念，并且装作若无其事？这类人看似和善，却结交不到知心朋友。每每被别人提起，这类人都像是鱼刺一样让人如鲠在喉。他们自以为问心无愧，实则令人避之不及，这种压力无形弥漫，终会融入血液，最后散发出令人生厌的气味。

作为主持人，我也不敢保证说出口的话都能像我的表情那样看起来和颜悦色。记得初入行时，我采访一个说话反复卡壳的项目经理，在我给出示范并多次指导还未果后，我习惯性地掏出了一把"抹了蜜的刀"——看似鼓励实则施压："您肯定是最了解项目的人啊，如实介绍就行了，不要总考虑镜头。"话还算好听，但我的心就像没拧干的毛巾，始终湿漉漉的，语气也免不了有些焦躁。我的话并没有安抚到他，反而加剧了他的无力感，其实，在那一刻，我是希望他感受到这种压力的。在我看来，当他人为你搭建平台来展示你公司的面貌时，你应该提前准备并拟好草稿，以节省所有人的时间。

我明知道对方身体里那些不该触碰的按钮，我还是会故意按下去；我能感受到对方的难堪，但还是想要给他一次打击；我既心疼对方，又切实想要出一口气。以上拆解，你是否很熟悉？这就是属于人类本能的隐形攻击。自从那次以后，每当面对不善于表达的被访者，我都会刻意地规避负面情绪，向他们传递出正向引导和鼓励，虽然自身承受的部分多一些，但工作进展确实顺利很多。既然方法如此简单，我们却为何很难做到好好说话，偏偏要隐形攻击呢？

第一，对于愤怒的隐忍。愤怒、挑剔、争吵都不被认为是和善、宽容的，受制于道德标准，没有人愿意做一个"恶人"，所以即便有了愤怒情绪，多数人也会选择隐忍，但由于情绪无法排解，这种隐忍便会以更隐秘的方式被发泄出来，这就是我们常见的隐形攻击。

第二，拿自己的标准衡量别人。世间万物本就有不同的周期，我们无法要求每个人都与你在同一时空，产生同样的感受，要求对方以自己的价值观来处事，得到的通常是失望。所以

"己所不欲，勿施于人"，这才是聪明的处事方式。

第三，强人所难。由于自身评估出了问题，无法精准地从不同人身上获取需求。例如，要求一个实习生写出高质量的项目报表；要求月薪3000元的男友送名牌包；要求一家抢手的公司只和你一人合作。不能正确地评估目标既为难别人，又为难自己。在此基础上，你提出的所有要求都是对方本不应面对的难关，哪怕对方想要拼尽全力满足你，都隔着层层壁垒。如同那句老话："在机场等一艘船，不是不可以，而是何必。"

明白了以上几点，我们就算找到了隐形攻击他人的病根。此时，我们要如何应对，才能做到好好说话呢?

第一，学会表达愤怒。这并不是要你动辄就暴怒或肆无忌惮地发火，而是要学会表达真实情感。人之所以会有烦闷、憋屈的情绪，究其根源是你内心的需求没有被看见，被尊重、被满足。无论是大声呵斥或暗暗嘲讽，你的不满往往都带着期待，期待对方能通过你的种种刺激，捕捉到你的真实需求。只是人类很奇怪，往往直抒胸臆就可以解决的问题，却总要盖上一层棉被。因此，正确表达愤怒的要领就是，表达具体需求，而不是宣泄某种情绪。

哎哟，有时间打游戏没时间回消息吗?

→你打游戏的时间太长了，我想让你陪陪我。你不回消息，我感觉自己被忽视了。

以上对话时常发生在情侣身上，你的情绪是对打游戏不满意，你的需求是希望对方多陪伴你。游戏只是你的一个情绪因子，你要绕过情绪因子去表达核心需求，尽可能减少以虚盖实。另外，表达方式平和一些，语气中不要带有太多评判，当对话中没有对抗感，对方也许会更乐于满足你的需求。

我帮你收拾还有错了？行，你以后都别找我。

→这里太乱了，我就收拾了一下，如果你不喜欢，希望下次你自己收拾。只是不要再用这种态度了，我努力付出是为了家庭，大家要互相珍惜。

每个人都希望自己的付出能得到回报，哪怕是一句谢谢，也足以冲抵这些辛劳。可当他人无法满足你时，也不要急着对抗，耐心讲出你的看法，事情也许会简单很多。

第二，不轻易贴标签，多为他人着想。语言是带有暗示性的，当你减少那些带有标签的话，你就不会显得那么愤怒了。比如，办公室的同事经常在午休时公放音乐、大声讲电话，打扰了你休息，这时不要随意评价他"没素质""没礼貌"，而是告诉他大声打电话可能会不经意泄露他的隐私，上班听音乐可能会被他人告状。当对方感受到了你的善意，也会更愿意接受你的提醒。

你太邋遢了吧，平时都不擦桌子的。

　　→咱们办公室在通风口，桌子上有灰尘的话，一吹风可能会被吸入肺里，对你身体不好。每天擦一擦桌子，对大家身体都好。

　　"邋遢""不爱干净"都是很刻板的标签，哪怕经常不擦桌子，对方也不想承认自己是一个邋遢的人。因此，你要多从对方的角度出发，为他着想。通过这些语言暗示自己"没那么愤怒"，同时间接传递出自己的需求，人情练达即文章。

　　第三，多说"我想要"。人们总是认为，提要求的时候语气要婉转且隐晦，不然很容易被拒绝。可是人在愤怒的时候，往往不会那么理智，肾上腺素的飙升会让你不假思索地说出具有侵略性的措辞。例如，"你再这样我就……""你再说一次""你以后再敢……"，试着把这些侵略性的话换成"我想要这样……""你可不可以……""咱们下次能不能……"。

　　你再放我鸽子，我们就分手！

　　→我想要你每周陪我吃两次饭，工作再忙也不能没有仪式感呀。

　　→你可不可以不要再毁约了？等你的时候我很焦急，感觉自己很不受尊重。

　　这种方式可以快速冲抵双方当下的矛盾，让石头撞在棉花上。当你可以作为更强大的一方，客观且淡定地提出你想要什么时，对方也会在更平和的情绪下审视自身的过错。

遇到问题想迎刃而解，还是要靠"内力"，若不是发自内心想化解矛盾，你的隐形击打只会将对方推得越来越远。世人都想习得万全之法，觉得只要学会某种说话技巧就可以让对方长久地依恋自己，但"一身刺"的人无论伸出多少次手，都很难与人和平共处。请学会正视心里的情感，不要压制它；也要真诚地提出不满，世界不是只有黑白两种色彩，慢慢让你的情绪正向循环起来。当然，你也要警惕他人对你的隐形攻击，不要执着于那些抨击和打压，要学会筛选留在身边的人。

面对"扑克脸"，故意展示缺点：对话叶檀

你是否遇见过"扑克脸"？所谓"扑克脸"，最初是指在牌类竞技中，拿到牌的人不动声色、面无表情的行为。如果摆出一副"扑克脸"，那么对方将无法猜测你手里的牌究竟如何。生活中的"扑克脸"也很常见，比如，严肃的教导主任、严厉的评审老师、权威专家、不太热情的新朋友……他们表情单一、神情冷漠，甚至态度冰冷。人们往往会在这种"高冷"的人面前无所适从，很多人试图主动迎合、讨好他们，来打破这种不和谐，结果却通常落得一身狼狈。

在过去的访问生涯中，我遇到过形形色色的"扑克脸"，他们有的位高权重，有的好似邻家小妹。也许上一秒还嘻嘻哈哈的人，下一秒就摆起谱来，因此，当对手是一名"扑克脸"

时，我们应该如何攻破？在回答这个问题之前，我想先带你了解一下，为什么会有这种高冷的人。

第一，性格使然。有些人天生就具有稳定的性格基因，这种基因不会让他们因为外界的变化而产生大起大落的神情变化。由于他们的敏感点较高，不会轻易被他人表面的展示打动，因此，他们常常以冷脸示人，表达自我对外界的独特认知。想要攻破这类"扑克脸"，尽量少用或不用太浅显的搭讪技巧，比如，"你好漂亮呀，这件衣服真适合你""你长得好看又有内涵"等，因为说的话过于表面，所以他们的内心不为所动。

第二，权威使然。这类人具有较高的评判标准，如评审老师、专家学者、领导等，他们有一定的话语权，掌握的信息也更宽泛。这类人常常因他人达不到要求而冷脸相待，目的是树立起更威严的形象。

第三，环境使然。同一个人在不同环境下，自我保护色也会不同。例如，会议室和茶水间里的你表现一定有所不同，因为不同场合会带来不同气场，这种气场有时可以掩盖一个人本身的性格。因此，面对这类人要审时度势，讲话切不可不合时宜。

以上三种原因造就了一个人的"扑克脸"。面对这种冷漠，我们总是不自觉地感到害怕，哪怕对方的真实水平不如你，都会让你敬畏三分。倘若对方又碰巧是权威人士，那你沟通交往的优势就会直线下降。

央视评论员、知名财经评论家叶檀就是我心中的"扑克脸",这种"冷脸"来自她对行业的洞悉以及客观透彻的点评,这种职业习惯长时间地影响着她。一名评论员就该如此,应该不带任何情感色彩地通过数据、现象、反馈来分析事情的本质。通俗地说,她是一个"不给他人面子"的人,因为她只讲事实,财经知识对于我这个时政新闻主播来说很难,我也无法在短时间内补课到及格线,再加上叶檀是出了名的"犀利女王",所以见面之前我非常紧张。其实,一期节目最终能呈现到什么程度,我在摄制喊停的那一瞬间是可以精准感受到的,而那天我感受到的反而是顺利。她的"扑克脸"好像变淡了一些。

那么,如何攻破对方的"扑克脸"?

第一,主动交换信息。交换信息的目的是给予对方一定的安全感,打消陌生人的社交顾虑。对于浅层的信息,与其说交换,不如说我们应该先给予。然而很多人此时往往是在索取,例如,不断地问"你是做什么的""你经常来这家店吗""你住得近吗"。彼此在未建立起友好距离时的一切提问都稍显冒犯。这个时候,请简单进行自我介绍,让对方对你产生基础的信任。

第二,故意展现缺点。这是我要讲的重点,也是我认为攻破"扑克脸"的核心因素。一些社会心理学家的相关研究表明,一个人适当地暴露缺点,不仅不会让我们的形象受损,反而会更让他人喜欢,这就是"暴露缺点效应"。很多人终其一生都在藏拙,但伪装出的完美却让人觉得乏味。"扑克脸"对这个世界的探究本来就更深刻,适当地暴露缺点可以让他们更加相信你。

1. 产生同情，降低对方的评判欲

我对财经知识了解得不深，请您多多担待。

青岛这座城市确实存在一些发展中的问题，从数据上可能看不出什么，但对于近些年的发展，不知道您有什么洞察？

以上两句话分别暴露了我和我的家乡的小缺点。首先，从我查到的资料来看，曾经与叶檀对话的主持人都是财经专家，作为门外汉的我很担心对方认为我不够专业；其次，叶檀点评城市发展时一贯犀利，虽然客观，但节目组还是希望她对青岛口下留情。因此，主动说出这些小缺点，可以降低对方的评判欲，哪怕事实真如我所说的那样，她也会因为我的真诚而产生理解。"这个小姑娘不懂财经知识，问不到点上也正常。""青岛发展得还会更好，但是青岛人自己意识到了这一点，我也不必说得太难听。"本该由对方评判的部分由你自己来做了，对方就会对你口下留情。

2. 先发制人，降低心理防备

"扑克脸"对于外界具有较强的心理防备，因为他们的内心比较敏感，所以对事物的观察会更久一些，在对方没有捕捉到你的意图之前，你可以通过暴露一些小缺点来降低对方的心防。

我们家的商品质量非常好，采用的是进口材料，外观设计也是一流。

　　→这是新款冰箱，唯一的缺点就是容量有点小。如果厨房不大，那这个足矣。尺寸合适的话就不要纠结其他数据了，其实都差不多。

面对难对付的"冷脸"买家，聪明的销售员是怎么做的呢？不停地询问买家需求吗？还是一味地迎合、步步紧逼？第一句话大力鼓吹商品，顾客很容易感受到你卖货心切，从而筑起心理防线。第二句话则故意暴露了商品的某项缺点，把你的目光引向这些微不足道的小事上，从而忽视了其他缺点。这就是通过主动暴露缺点的方式先发制人。

3. 如何表达你的缺点

每个经历过面试的人应该都听过这个问题："你认为自己身上最大的缺点是什么？"

　　　　我最大的缺点就是太热心了。

　　　　我平时做事有点纠结和犹豫，总是留不住客户。

　　　　我感觉我在同龄人里很优秀，学历也高，没什么缺点。

对于阅人无数的人力资源负责人，听到以上几种回答后会有怎样的反应？把优点说成缺点，尽显圆滑，显得不尊重面试官；暴露真实的缺点虽然显得你很真诚，但无疑是自掘坟墓；自视完美的人往往以自我为中心，很难被人信服。那要如何在

"扑克脸"面前表达自己的缺点呢？一般情况下，我们说的一定是那些曾经的不足，但现在已经解决，或者正在解决。

→我之前不太会写文章，于是我报了一个写作班，后来我写出的内容经常成为爆款。

→我跟客户交流时会有点害羞，现在我参加了好几个社团，慢慢感觉自己的沟通能力越来越强了。

记住，面对"扑克脸"时，你暴露缺点的目的不是交待自己的缺点，而是打消对方的防备。很多人学会了"术"却忘记了"道"，以为一味迎合才能打动对方的"冷脸"。事实并非如此，我们主动暴露缺点，其实是友好的信号，而不是要让对方"高人一等"。所以，说说那些已经改了或者无关紧要的小缺点，这会让你以退为进，更快赢得社交中的良好体验。

4. 认同对方

认同和迎合不同，认同是我们攻破"扑克脸"的一种方式，但并不是要事事奉承。很多人面对"扑克脸"很容易硬碰硬，因此会增添很多对抗性。比如，面对质疑立即反驳、面对不认可立即回嘴、面对无视立即理论。很多选手会在评委老师指出缺点后大肆反驳，其实这是不够聪明的表现。我们需要逆着本性，先认同对方，然后提出疑问。

→关于您说的服装问题，我回去研究一下。不过，您说我跳得很差，体现在哪里呢？

→您对这个房子不满意，我理解，您确实有独特的见解。那您觉得有哪些方面不太合适？

认同对方可以让对方产生一定的愧疚感，对于言论的轻重会有所考量。随后你再提出问题，既给了对方台阶下，对方也能为了弥补你而给你一些"好脸色"。

在我看来，没有人会永远摆出"扑克脸"，再难展开的微笑也有它独特的按钮，我们无法让每个人都笑脸相迎自己，但是我们可以做到面对冷脸时不再畏惧，不再一味地苛责自己。当然，你也要学会跟这些尴尬共处，学会理解"扑克脸"的存在，不要太为难自己，不想说话可以不说，想离开也可以离开，试着做自己。

第三章

勾出心里话的魔法提问术

问出所有的秘密

提出一个好问题往往比获得一个好答案更重要。你可以通过一个人的提问，观察他的思维方式和心之所想，有时甚至不用了解其经历，也能从这些提问里看出端倪。懂得正确地提问，也是一项重要的本领。做访谈节目多年，提问是我日常工作中的重要组成部分。我时常感慨，一个高质量的问题不仅能让对话更酣畅，也能树立我在对方心中细腻又专业的形象，这种情投意合甚至可以加深双方之间的联系，让彼此拥有更多交集的可能性。

回想起来，在访谈中能被嘉宾惊呼"问得好"是一件很有成就感的事，于公至少这期节目有内容了，于私我也会欣喜于自己更懂得共情。印象最深刻的一次提问，是我赢得了台长的赏识。那时互联网短视频还没现在这么盛行，我做了一个公众号，所以对新媒体的传播有一些心得。有一次，台长组织少数青年人去一家知名互联网公司学习，到了交流提问环节，坐在后排的我通过一个小问题就赢得了所有人的回头，两位台长会后还主动与我攀谈。相比我的提问，我们先来看看其他同事是怎么问的：

拍摄团队有几个人啊？剪一期片子会花多长时间呢？

你们公司都是由"90后"组成的吗？

你们一年能接多少条广告？具体收益是多少？

××是你们公司孵化的内容吗？这是怎么做起来的？

这些提问看似清晰有内容，实际上却很浅显。所有的问题都浮于表面，这些只是提问人带有窥探欲的好奇心罢了，没有人切实地把自己的身份转换到互联网行业来，依然秉持着电视媒体的传统思维。而我是真带着疑问来学习的，因为当时的我已经踏入新媒体矩阵中。

现在做内容需要垂直，可是垂直内容又比较单一，对于新手的话，是不是尝试多种风格才会有流量？当然选题也很重要，如果跟风拍摄他人的创意，就缺少了时效性，等制作周期完成，又过了几天，热点也就过了；自己构思创意的话，又实在没头绪，公司团队都是从哪方面入手的？

当你的提问更接近问题的核心，那么就可以被称作是一个有质量的发言。"垂直""流量"等词并不属于电视制作领域，但却能凸显你对行业的全新认知。当你的提问更趋于专业时，对方也会更乐于回答。那次以后，再遇到几位台长，不管是在电梯里还是在晚会的后台，他们都会特意提到我那天的表现，并叙述给旁边的人听，我有了无形的第二张名片。这时我才渐渐明白：好的提问可以与他人拉开差距。

不要认为这件事很简单，草率的提问只会得到草率的答案，不走心的问题只能换来不走心的回答。生活中我们往往有一个很大的误区，认为只要问出来就行了，因此经常会问一些无解的问题，但这是不对的。请不要问没有答案的问题，太空洞的问题会让回答者找不到重点。

请问，如何做好一家公司？

您能告诉我怎样拍好一部电影吗？

企业如何应对时代转型？

问题太宽泛了，无法用几句话回答，只能泛泛地做表面文章，这被称为"无效提问"。

邻居最近离婚了，两人吵得不可开交，还为了争夺财产打官司，婚姻也太可怕了吧？现在的人为什么都这么现实？

我最近工作特别不顺利，而且跟男朋友变成异地恋了，我妈也不理解我，天天逼着我相亲，你告诉我，我为什么那么难啊？

以上更像是情绪发泄，虽然讲述了事情的来龙去脉，但并没有提出具体需要对方解决的难题，只是发散式的抱怨，这会令对方很难接话。

让提问变得有价值，需遵循三大要素：是什么、为什么、怎么做。

首先，是什么。这类问题建议大家通过书籍、互联网等工具自行查阅，很多时候人们不热衷于回答你的问题，是因为你的提问可以通过简单搜索找到答案。除了可以自己动手查到的问题，那些别人重复回答过的内容你也别再一次次提及，反复回答这些已知的内容会让对方很疲惫，也会显得你不够用心。我与香港知名美食家蔡澜先生一起做节目的时候，他对现场观众提出了一个要求，那就是尽量问一些他没回答过的问题。很多人得到了提问机会，问的却是"你最爱吃什么菜"，而这个问题他已经回答过无数次，打开搜索引擎随便一搜就能找到答案。因此，那些重复的、显而易见的、能查阅到的问题，最好不要出现在你的提问里。

其次，为什么。这一类问题，需要你带着自己的思考。附上思考，你的提问才不会无序，对方也能更快找到切入点，与你展开对话。

太空为什么不能住人啊？

→我看了很多电影和书，太空并不具备人类生存所需的条件，可是现在科技都这么发达了，难道我们不能创造出有利的人工环境吗？我觉得这并不难实现。

同样都是表达"人类为何不能去太空居住"，第二句话的内容更丰富、具体，对方也能更有针对性地回答你的疑问。千万不要抛出一个很宽泛的问题给对方，你要在提问中展现你的主观意识。一个人只有对某个话题有判断、有思考时，才能问出更有水平的问题。

这件事你怎么看？

→这件事确实值得我们思考，发展经济固然重要，但若不能做到可持续发展，那就是得不偿失、顾此失彼了，您觉得呢？

动辄扔下一句"你怎么看"，看似万全，其实这种"万金油"式的提问只会让对方敷衍你。还是那句话，若你不能拥有独特的判断和思考，那么无论你提出什么样的华丽问题都会暴露你的认知空白。

最后，怎么做。这类问题大多数人都会问，也比较常见，比如，"怎么处理婆媳关系""怎么构思一篇文章"等，只是我们要尽可能具体，越是细分，对方就越容易回答。

怎么增加收入？

→我现在从事金融行业，入行时间不久，加上对市场判断得不太准，至今没有良好的收益。大环境所致，未来的一段时间，金融市场还是会动荡。如果我想要提升收益，要从哪些方面着手呢？我需要去进修吗？怎么做才能联系到合适的进修班？

怎么挽回她？

→她比较喜欢旅行，而我在休息时间更想待在家里，我感觉我们越来越不能达成共识了，她也在渐渐疏远我。可是我并不想离开她，我要怎么做才能解决这个问题，让她回到我身边？

在把问题具体化之前，记得用简短的语言阐明自己的情况，不要冗长，也不要过于简单，这种合适的铺垫可以减少对方的主观理解偏差，让对方更有身份代入感，在此基础上再去提问，你才能得到更贴近现实的答案。

当然，我们也要训练自己随机应变的能力。很多人问我，录制节目时说的话都是提前准备好的词吗？其实，哪怕文稿准备得再充分，我也无法预料对方会如何作答，你的提问和回答要随着场面、氛围不断调整。因此，在不偏离主线的情况下，随时发散思维，不断挖掘对方言语中的突破口，才是高质量提问最核心的法则。

除了以上法则，我再介绍一些关于提问的小技巧。学会这些，你可以在交谈时更轻易地得到想要的答案。

第一，顾左右而言他。越是想问的问题，越是要用最轻描淡写的方式来掩人耳目。

现在的孩子真不容易，课业压力太大了。我姐费了好大劲儿将孩子送去了私立学校，还以为能轻松点，没想到比准备高考都累……

对了，你们家孩子在哪个学校？哎，上个学真不容易，是不是挺麻烦的？

在某些话题上，人们天生会筑起防御墙，隐私类、收益类、人情类尤甚。对于那些不方便告诉你的事，你不要想着单刀直入，要学会用一种轻松闲适的态度抛出问题。

第二，具备批判性思维。《黑客帝国》中有一句话："也许我们根本就问错了问题。"你是否具有怀疑一切的能力？那些已知的权威信息就一定是正确的吗？你对事物的判断是依据客观事实，还是会有自我考量？

如果具备批判性思维，你就可以从不同角度提出各种有建设性的问题。批判性思维需要你一直保持好奇心，也需要你在日常生活中去刻意练习。比如，从正反两个方面去评价图书、电影、音乐剧、话剧及演讲，把互相冲突的观点不断进行双向解释，自问自答，自辩自服，只有将魔方的多维度都了解一番，你才会真正形成自己的观点，也就真正拥有了批判性思维。

《学会提问》一书中说过这样一句话："批判性的提问是检索信息和搜寻答案的最好方法。"无法提出令人醍醐灌顶的问题，就一定要从惯性思维的旋涡中走出来。

第三，使用没有问号的问题。提问时并不一定都得是问句。疑问句或许会带来回答；而陈述句后面也可以是更多的自我表达。

> 你刚才为什么发脾气？
>
> →他那样做好像真的惹到你了。
>
> 怎么还不交作业？
>
> →你们的作业好像太多了。

对于以上提问方式，你会更愿意回答哪一种？有时候，质疑也是一种对立。我提出疑问，就代表我并不理解这种行为和做法，也反映出我们在这一问题上的不同思维；请把你的疑问句改成陈述句，给予对方肯定，也代表你是一个善于接纳的人，对方能感受到你们在思维上短暂的一致性。这样做既消解了你们之间的冲突感，也会让对方由于彼此共情而多了几分倾诉欲。

第四，学会追问。你要有打破砂锅问到底的决心，当然这需要掌握分寸。追问似乎总被认为是不礼貌的，带有强迫性，是令人为难的。但你只凭一个问题怎么能得到全部答案，要想获得更多信息，还是要学会层层追击。

> 为什么没有预留房租？因为生活费花超了。
>
> 为什么本月花费过多？因为买了新电脑。

表面的内容永远只是冰山一角，这个世界远不是我们想象的那么简单。这需要你保持高度的集中和缜密的逻辑，剥洋葱式地一层一层看见明朗。

其实，你提问的方式也影响着你的思维。互联网中流行着一句话：我渐渐把"这件事为什么要发生在我身上"的想法，替换成"这件事想要教会我什么"，然后发现身边的一切都改变了。

不难发现，这句话中前者是发泄型的、消极的，后者是反思型的、积极的。我们遇到任何问题，内心的首要想法就是对此提出质疑，而质疑无形中影响着我们的思想和行为。比如，由于你工作失误，老板批评了你，有人会在内心发问："我哪些地方做得不好？如何补救？下次如何避免？"而有人却在想："老板为什么不给我面子？他是不是不喜欢我？我是不是没机会晋升了？"

提问的过程就是思考的过程，能不能提出一个好问题，除了语言表达能力，最重要的还是思维和认知水平。我们能否向这个世界争取一个满意的答案，取决于你想让它怎样回答。

"激怒"他是最好的办法：对话刘庆峰

你有没有被他人激怒过，不管是言语还是行为上的挑衅？如果被激怒了，你是否招架得住？虽说人类本性中有"野蛮生长"的因子，但生存本能却让我们遵循社会规则，通过一系列行为来制止冲突的发生。然而有时候，你不妨做个制造冲突的人，通过"激怒"对方获取更多信息。

科大讯飞董事长刘庆峰是我很喜欢的一位企业家。由于广播电视台在录制节目时经常需要同声传译，因此我们早已是科大讯飞的忠实用户。实不相瞒，翻译机的出错率并不低，时常需要人工进行二次校对。虽说翻译机已经比纯人工翻译高效很多，但远不及我们的预期，同事们经常开玩笑地说："你见了他就得问问翻译机为什么不好用。"

在没和对方打招呼的前提下，如果采访者贸然戳对方的痛点，那么这在访谈节目中是非常不友好的行为。两人的对话有时是一种博弈，博的是自身利益的最大化，于我而言，节目精彩好看是核心；于对方而言，宣传企业文化是重点，两种需求正在碰撞。

　　我们办公室就在用科大讯飞的软件，说实话错误率并不低。

　　网上很多人也指出过这个问题，为什么一直没有得到改善？

　　很多类似的软件都是免费的，你们的软件为什么要收取高昂的费用？

　　所以在您看来，科大讯飞不以改变人们的应用方式为己任，而是认为商业变现更有价值？

我并没有按照往常的策略提问，反而是不断地制造冲突，在对方回答完一个问题后，步步紧逼让对方继续回答另一个难以回答的问题。不出意外，他向我做出了很积极的解释。"很积极""解释"，这是两个很重要的关键词。如果我只是一味地奉承对方，那只能停留在对方的安全区，彼此说着冠冕堂皇的话，完成一场表演而已。如果访问超出他的预期，他就会转变态度，进入一个全新的模式——一个以你为主的模式。人与人之间的交流，调动情绪很重要，能否火候适当地引导出对方心中积极的态度，需要你适时引导。

"激怒"他或许就是最好的办法。这里的"激怒"并不是要你真正惹得对方生厌或生气，而是通过质疑等方式，激起对方的好胜心，从而让他更加集中注意。

在面对一场有压力、有冲突的沟通时，绝大多数人会有三种本能反应。第一种是回避。回避主要是以沉默为主，比如，不接你的话、转移话题，或者干脆直勾勾地盯着你。他也许是不想发生冲突又无良好措辞，也许是故意进行无声的对抗。第二种是攻击。攻击往往伴随较强硬的态度，因为自己可接受的安全地带受到了挑战，人会本能地进入战斗状态，表现为抬杠、讽刺、反驳，甚至人身攻击，目的是想通过战斗来拿回本该得到的尊重和认可，当然，还有发泄不满。第三种是说服。试图通过举例、阐明的方式让你更加了解真相。这种本能是大多数人的选择，既避免冲突又获得认可。

以上三种本能是我们所能预测到的对方大概率会给出的反应。想要获得更多的信息交换及更大的利益转化，就一定要激发对方的第三种本能——说服。你激怒对方，目的是让对方说服你，这样才算解题成功。主持人易立竞就是以"冒犯式"访谈而走红的，节目中她的表情神态都很冷静犀利，抛出的问题丝毫不给嘉宾留任何颜面，大家对此褒贬不一。其实，同为主持人的我非常理解她，她的"冒犯"和艺人的"尴尬"可以形成强烈的视觉效果对比，这是一台很精彩的"戏"。很多有名望的访谈嘉宾会在采访前修改提纲，采访后要求审稿，就是为了避免出现任何能引起人们非议的话题，这在我们的工作中也很常见。一旦有了冲突，从节目观赏性的角度出发，是极其成功的。导演喊停后，灯光一关，所有人下班，江湖不再相见。但是，日常中的人际交往不是一次性的，倘若你随意冒犯客户、伙伴、同事，那就很容易获得一个"刻薄"的名号，这并不利于你们关系的发展。那我们要如何正确"激怒"对方，既能让对方袒露更多，又不将其推远呢？

第一，就事论事。一定要弄明白冲突是基于事情本身，而不是人际关系层面。讨论一件具体的事，你可以充分表达你的所思和所疑，这并不会过多引起对方"攻击"的本能。

你毕业一个月了都没去找工作，也太眼高手低了吧？

→你毕业一个月了都没去找工作，是因为没有合适的，还是你觉得薪资太低，或是对方不选择你？

以上两句话有很明显的区别，举出对方在这件事情上的三个痛点，对方或许会全部解释给你听；如果你直接下定义攻击对方，那就不是在正确"激怒"对方，而是显得你自身没有修养，时间久了你们的距离会越来越远。

第二，态度诚恳。不够友好的语言一定要用非常诚恳的态度来表达，才能抵消冲突感，而不是很直观地质疑。

你找对象要求太高了，难怪一直没找到。

→你找对象有什么标准呢？为什么一直没找到呀？是不是要求比较高？

同样是质疑对方的择偶标准偏高，第二句会让对方想进行解释，无法反驳你的疑问；但第一句却有明显的嘲讽语气，让人筑起防备心。想要制造对方的心理波动，一定要"明哲保身"，你自身不要被对方挑出明显的差错，哪怕再难听的话从你嘴里问出来，也要让对方觉得你是想弄清楚真相，而不是事不关己地评价。

第三，给一颗甜枣。人与人的沟通寻求一种平衡感，过度冲突或平淡都会使天秤倾斜，我们的目的是让双方的关系更好地发展。在"激怒"他人之后，要记得给予肯定，给对方以宽慰和信心有助于抵消你的攻击性。水火并进、双管齐下才能让对方对你的就事论事心服口服，又因你最终的肯定而倍加感激。

虽然你当时的行为让人很惊讶，不过也是为大局考虑，你果然是一个会做事的人啊。

你找对象的标准确实很高，不过我也理解你对爱情的坚贞，这样的人很纯粹，没有杂心，很难得了。

能屈能伸才是一个成年人应该具备的至高能力，人们有时容易攻击上瘾，因为着迷于凌驾于他人之上的爽感，所以给出巴掌后再给甜枣，也是能够克制、回归理智的表现。

由此可见，沟通中适当"激怒"对方，可以让我们获得部分主动权，基于这种人性的漏洞，我们能够引导部分事情的走向。但是，如果你不小心掉入他人的"攻击旋涡"中，该怎样回归理智呢？生活中经常会有这种情况，比如，面对面试官的施压。对方往往会用刁钻的问题来考验你，或者用怀疑、锐利的眼神来试图打破你平静的外表，使你的心理防线崩溃。上文中我们拆解了人在面对质疑、冲突时会出现的三种本能，那么正确的方法就是逆着本能来。在此，建议大家采用化解的方式，接受对方的质疑，但并不在此过多周旋，轻松化解矛盾即可。

- 你学历一般。
- 确实，不过比尔·盖茨也没毕业，工作能力更重要。
- 你的工作经历太简单了。
- 但我相信贵公司的业务范围可以让我很快成长为经验丰富的人。

你欣然接受了质疑，不跟对方纠缠不清，巧妙地转移了话题，化解了矛盾，这样就可以渐渐化被动为主动。不轻易被带偏，是一个真正强者应该有的涵养。

学会"激怒"一个人，也要学会不被他人"激怒"，这是你成为沟通进阶选手的必经之路。

聊聊小时候，埋下你的陷阱：对话蔡骏

提起中国的悬疑小说家，那就要提到蔡骏的名字，他就像一个符号刻进了读者心里。《荒村公寓》《蝴蝶公墓》《病毒》——这些作品风靡各大校园。我也曾抱着他的书爱不释手，在最具探索精神的学生时代，他笔下的人物和故事伴随了我很多个夜晚。我的胆子明明很小，却偏偏被那些解不开的谜吸引。虽然我早已记不清书中的内容，但那种既胆怯又想要靠近的心理状态让我至今难忘。

写作本身就是一种倾诉和表达，我们常说"字如其人"，讲的就是你记载的东西跟你的性格有很深的联系。

蔡骏跟我想象中的形象差不多，唯一没想到的是他表现出的斯文和客气。他说话的音量不太大，但让人感觉很坚定，不像是会轻易改变观点的性格。如果只看他的外表，我怎么也想不到他会写出那么多强劲有力的句子。

蔡骏没有我想象中那么健谈，他的言语里有一种拒人于千里之外的客气，每个回答都有理有据、逻辑顺畅，但每个回答

都没那么尽如人意。我做访谈最怕的就是遇到这种情况，通篇都是岁月静好，没有亮点，依我的标准来看，这是一次失败的对话。不管我问什么，他都会巧妙地将话题转移到新书宣传上，关于自己的事闭口不提，这让我有些失落，也激起了我的好奇心。

然而，就是这样一个有故事的人却顾左言右，当我想要询问书的创作背景时，被他轻描淡写一句话带过；当我想了解书的创作过程时，又被他用官方说辞应付。尽管他一直在表达，并未语塞，但也把关键问题都回避了。我接触过形形色色的访问嘉宾，对于这一类型，我会将其归于回避型表达人格。

面对回避型表达人格，正面对峙是没有用的，不要想着打破砂锅问到底。试想，如果你特别在意你的外号，却有人反复提及你的外号，你会不会恼羞成怒？除非你不想再与此人有任何接触，不然请不要直接触碰他想回避的内容。我们要学着从根源聊起，聊聊他的过往经历，比如童年，一点点建立起信任和共鸣。

人本主义心理学先驱阿德勒认为，根据人类回忆起的幼年片段，可以判断其一生的基调，由此我们可以逐渐推断，一个人会怎样讲述自己的成长经历，很大程度能体现此人的行为模式。那些幼年没有被满足的需求全都刻进了人的潜意识里，这种"追逐和寻求"体现出的行为模式直到老去也很难改变。

关于"童年"这个话题，我们要从关键部分切入，分阶段，层层递进。

1. 聊童年的回忆

回忆有时代表的是具体事件，我们只是让对方陈述事件，无须有过多的评价。

你小时候学习好吗？

那天比赛发生了什么？

每年生日你都是怎么过的？

先讲事件的好处是，记忆有据可检索，只是陈述也不会让对方有过多的压力。有时一件事情的来龙去脉太复杂，他可能会调动很多支线才会讲清楚，这样你在无形中又获得了更多的信息。我们要通过他的陈述试着去猜测他的潜台词，同样是"我的苹果被偷吃了"，有人看重苹果，有人看重偷吃，你一定要听懂他在没表达感受时传达的信息，这能为你们接下来的深度交流打下坚实的基础。

2. 聊童年的感受

相信大家都分得清个人感受和客观事件的区别。还是以"我的苹果被偷吃了"为例，有人觉得愤怒，有人却觉得有趣。关于对事件的感受实际上是我们要了解的核心。面对回避型人格，感受就是打开其心门的钥匙，你懂得了他们的感受，就拥有了通往他们内心的资格。

你小时候会在意学习成绩吗？

那天输了比赛，你服气吗？

生日那天你挺失落的吧？

对于以上三个问题，我们从描述事件转换到了描述感受，但千万不要直白地问"你的感受是什么"，因为太直白会让对方难以组织语言。再来看一下我们的用词，"在意""服气""失落"，我把这些词统称为"前置共情"，也就是在对方还没有说出感受时你给出的假设，这种假设并不是你凭空猜测出来的，而是根据上一阶段我们揣测出的潜台词。这样铺垫后，你的提问就特别能戳中对方的心坎，对方会莫名感觉你很懂他。

3. 聊童年对现在的影响

很多人都是在不知不觉中长大的，然而童年的影响却融进了我们的血液里。一个从小就得不到尊重的人，长大后可能会刻意迎合讨好他人，这是很多人不愿意承认的。因为承认自己童年不幸，成年后继续不幸，对于他们来说是雪上加霜。

所以你一直抗拒学习，后来辍学也是因为那件事？

那次比赛之后，你好像开始害怕上台了。

现在的生日还是想一个人过吗？

如果他能直接告诉你，那件事对他的影响有多深远，那自然是极好的；如果他不想承认，那么他提出的佐证也许会是新的信息。

我辍学跟那件事没关系，主要是不想被人管。

当他否定了你的假设，就会提出新的论证，而且在论证过程中对方会因为无法自圆其说而说得更多。这才是我们真正下结论的时候。你可以通过他的表达去了解他是再一次选择回避，还是将秘密说出来。

不管结果是什么，这个顺序不能错，面对一个回避型表达人格的人，我们能做到第一步往往就很不错了，如果你能顺利实施到第三步，那就要更加珍惜眼前这个朋友，因为他能够逐渐将童年的自己展露给你，也等于是充分信任你。

另外，聊聊童年还能分辨出他属于哪一种依恋关系类型，这可以大大缩短你对此人的观察时间。

当你真的想要跟一个人拉近关系时，就互相交换童年故事吧！人们为什么喜欢拍照留念，就是因为时光一去不复返，所以才要记录。不管是被爱还是被伤害，过去的回忆都是我们生命中不可或缺的一部分。

就让我们在回忆中见吧。

巧用冷读开启共同话题：对话李乃文

采访演员李乃文那天，他还有一场戏，拍完才能收工，我提前到达演播室等候。演员这个行业我曾接触过，记得刚毕业去横店实习时，看见"横店人"都自备小马扎坐在角落里安静地候戏，每切换一个镜头都要有数位灯光师、收音师、摄影师跟着变换位置，一场戏可能要拍一整天，别管多有名的演员，都难逃这个环节。等了很久之后，李乃文终于匆匆赶来，他的脸上还带着妆，本来已略显疲惫的我，在看见他之后立刻清醒了过来。

他果然是我想象中的样子，表情和神态跟电视机里几乎一样，成熟、老练、应对自如。我们将一期 30 分钟的节目硬生生聊到 1 个多小时，对我来说，节目交差肯定是没问题的，只是我总喜欢给自己提出更高的要求。面对这些经常做访谈的演员，我还能找到哪些不经意的突破点？

其实生活中也有很多这样的人，话里话外挑不出错，他会笑意盈盈地跟你说很多话，但彼此的关系依然是浮于表面。在这种情况下，我们应该怎么打破表面的和谐，进行深层挖掘呢？

星座是社交中一个很不错的话题，谈话高手都深谙其中的奥秘。尽管很多人一再强调星座不准、不严谨，但你依然无法撼动它在话题中的重要位置。十二星座为我们提供了天然的谈话素材，每个星座都有不同的信息点，除了可以让自己言之有物，还可以探知对方真实的想法和性格。

冷读术是指在没有防备甚至第一次见面时就快速了解对方心意，并与对方建立信任关系的技巧，经常被心理医生应用于心理治疗。"星座冷读术"是非常简单的谈话技巧，很多人在恋爱中都会以此来营造氛围，使用得当可以使对方深陷你的爱里，

107

但使用不当则会让对方掉进操控的圈套。我们的目的是通过谈话让对方抛出更多信息，仅仅是运用于沟通层面，所以请谨慎使用。

第一，不要随时随地提星座，面对陌生人要学会试探和揣摩。分清谈话场合是一个成年人的基本素质，我们要学着去说一些跟当下场合相匹配的话。面对不同年龄、不同行业、不同性格的人，星座的抛出方式是不同的。如果你不能完全把握其中的差别，先问一句"您是什么星座的"来试试水更保险。你也可以从对方的回答中了解他对这个话题的感兴趣程度。

－我是狮子座，您是什么星座的？
－我也是狮子座吧。

第一句话干脆利落，至少表明对方了解狮子座的含义，并且愿意跟你互动；而第二句话的含义就含糊不清了，可能是迟疑，也可能是拒绝。相信星座的人，其实倾向于认可那些关于星座的优秀品质，哪怕他本人并不具备。不相信星座的人，往往是不相信那些反面特质。比如，一个双鱼座的女生，由于不喜欢双鱼座哭哭啼啼的特质，她就会强调自己不相信星座。你要学会分辨对方的真实想法，这才是聊此类话题的关键所在。

第二，说说对方星座的优点，观察他的反应。

狮子座是独立性很强的星座，没想到你看着这么柔弱，其实很坚强。

你知道吗？我认识很多狮子座的女生，她们的性格都不像你这么温柔，我很喜欢你的性格。

看到这里，你也许会提出明晃晃的质疑：难道其他星座就没有独立坚强的女性了吗？如果考虑到了这一点，那这一题你已得到了80分。星座冷读术就是如此简单，每个人都受用于被夸赞，而此时的星座更像是糖衣，你无须记得糖衣里的糖心，只需把糖递给对方即可。巧妙的是，你要在这个过程中找到对方的差异性，只知道指出对方可赞扬的点，话题很可能只会浮于表面，如果是先贬后扬，会让这种表扬在一种有落差的前提下显得更加真实。

然而，并不是每个人都喜欢这种反差，哪怕你说中了真相，也会有人不认可。再者，面对一正一反的观点，对方总是要有所倾斜，你需要做的就是静静聆听对方对这种差异是否接受，以及他对于关键词的解读。

我不柔弱啊，你看到的都是表象。

我总觉得别人对富二代有误解，我现在拥有的跟我家里人没关系。

原本，你只想通过谈论星座找出一些对方不易察觉的小优点，没想到在差异化打法中捕捉到了他对很多事物的理解，话题就此展开。你可以顺藤摸瓜，在此语境上继续追问，也可以就此打住，在心中对其做出判断。

第三，星座冷读术一定要用陈述句，而非疑问句。

> 天蝎座是不是很有神秘感？
> →你看上去很有神秘感。

再比如：

> 你觉得狮子座的人性格好吗？
> →我没看错的话，你的人缘一定很好。

对于第一种提问法，对方在不熟悉你的情况下大概率只会回复"是的 / 不是""好 / 不好"。为什么有些人看似一直在说话，但总会把天聊死，就是因为提问的问题太有封闭性。而第二种句式得到的回应就会更丰富一些："你怎么知道的？""你为什么会这么说？"你的陈述性猜测令其感到好奇，话题也更容易展开。

再举个例子。

> 你有男朋友吗？
> 没有。

话题就此结束，如果运用陈述性猜测：

你看起来应该没有男朋友。

为什么这么说？

其实是别人告诉我的。

是谁啊？

说到底这还是一种猜测，也许会猜不准，但你不需要完全猜准对方的一切，而是通过这种方式，慢慢了解更多的信息。

通过以上三点，我们不难发现，星座冷读术跟星座本身可以没有关联，所以不要害怕因不了解而不敢使用这个工具。我不否认喜欢钻研星座知识的人可以深深为它着迷，而对于大部分普通人而言，这只是一个工具，我们要善于利用天然的谈话素材，为我们的社交能力加码。

其实，所有的谈话都是围绕"相似"和"互补"展开的，因为共鸣而吸引，因为不同而好奇。在我们使用的所有谈话技巧里，唯独要注意一个心态，那就是不要刻意，手段只是途径，千万不可在过程中迷失了自我，成为谄媚的傀儡。

三秒勾出心里话：对话陈美贞

真正意识到我可以在访问中引出嘉宾的心里话，是有一年电视台团委邀请我写《青年新力量》。为了展示自己的工作日常，我翻出了很多往期视频，想截取一些画面作为参考。谁知道截出的每一帧画面，不是我在哭，就是对方在哭。这时我才发觉，原来有这么多人向我吐露过心声。

作为一个双子座女孩，我对这个世界的某些部分充满了好奇，但对剩下的那部分又漠不关心。比如，我从未真心想要窥探他人心底的隐晦与皎洁，因为我知道那部分很柔软，若触碰得不好，我担待不起。刚入职的时候，领导只给我提了一个要求，就是要流眼泪，要求我的每一期节目都要有泪点，如果没有泪点，那就算没有内容、没有故事、没有起伏。没想到，我真的做到了。

陈美贞——中国知名配音演员。光听这个名字你可能比较陌生，但她塑造的很多角色却家喻户晓，比如《哆啦A梦》中的哆啦A梦、《新白娘子传奇》中的青蛇……配音本就需声、貌并全，配音演员也被称为"演员"，若不具备极强的专业和表现能力，很难让角色立住。这一行的门槛这么高，人们却看不到她，只知道好像是她发出的声音，或者说根本没人关心声音是谁发出的，长此以往，她快乐吗？她会有职业认同感吗？

我们聊了很多，从她的回答来看，她确实没那么快乐。拿着台前演员十分之一的工资，铸就着他人的辉煌，这才是配音演员真实的生存现状。我们观察一个人、一个行业，要学会看本质，要想走进一个人的内心，就必须非常懂他，要试着让自己成为一个更细腻的人，体会对方的感受，察觉对方的心思。

心里话是什么呢？应该是那些真实的、不够好看的、偏激

的、病态的、坦诚的情绪，想要让对方"乖乖"向你奉上这些
内容，首先你要做到足够真诚，若你摆出一副虎视眈眈、磨刀
霍霍的样子，则很难拆卸对方那堵坚硬的心墙。由于你是一个
陌生人，对方对你存有戒备心是很正常的事情，而打消对方初
始顾虑的绝招就是让他感觉不到你。

比如，先放一颗"烟雾弹"。你要对真正想了解的东西避
之不提，而是放些"烟雾"来迷惑对方的双眼，等到对方适应
了谈话的氛围，再不经意地一点点靠近核心。这种行为可以让
你进退自如，一旦发现对方有不适感，就马上退回到安全的
位置。

配音的工作很辛苦吧？既要对照画面中的口型，又要
保证自己的状态，还要说准每一句台词，这怎么才能做到
一心多用啊……

所以配音的工作还真不是一般人能做的……

您没想过转行吗？毕竟太辛苦了……

也是，热爱可抵万金，不过热爱也得有回报，不知这
一行的收入如何……

收入好像比台前的演员要低，您觉得值得吗？

我放出了足够多的"烟雾弹"像是很好奇行业的内情，而
真正的玄机并不在此。我一步步地向那个敏感地带靠近，对方
渐渐降低了防备，这比一上来就问"您不能像台前的演员那样

113

出名怎么办"要睿智很多。

另外，要善于用虚无的角色为谈话增料。

比如，善于使用"我听说……""有人说……"等句式。借助第三方来发问，可以减轻对方与你之间的冲突感，此时的你不是那个虚构事实的人，而是一个等待解惑的人，这会让对方做出更友善的回应。同时，听话听音，被人误解后，对方"说什么"或许远没有"怎么说"重要，你要通过其中的细微反应来观察对方的本意和未被表明的心意。

"煽风点火"有时也是一个好办法，必要时可以尝试压迫式提问。没有人规定我们一定要和颜悦色，强压之下的人更容易暴露本性，这需要你具备高超的提问技巧，既要梳理自己的逻辑，又要把握对方情绪的上限，不聊崩是基本原则。将对方架到那种无法回避的状态，让其来不及思考，这种情况下很容易探知真相。如果对方的语言没有露馅，那他的眼神也一定会给你答案。

　　您的形象非常好，很有明星相，没有考虑过到台前当演员吗？

　　真的没考虑过吗？毕竟您塑造的角色都很火。

　　火了能收获更多光环，收入也翻倍，您真的没心动过吗？

　　我看到您和青蛇的扮演者是好朋友，可是走在大街上大家只认识她，您会介意吗？

　　以上只是举例，以便大家更好地了解压迫性提问的使用方法，但我们是否需要如此"咄咄逼人"，发力到何种程度，完全取决于"那件事情"的轻重缓急。只是闲聊，小火加热即可；若要调查真相，请务必学会"煽风点火"。

　　在有限的时间里了解真相不是一件简单的事，所以我们才会出此策略，也算剑走偏锋，风险指数并不低。当对方回过神来之后，就会察觉你的不体恤，从而与你保持距离。所以，日常交友不要操之过急，"路遥知马力，日久见人心"，只有长时间接触、多次进挪①才会攻破内心。

　　在进行压迫性提问时，若想弱化火苗带来的冲突，你的语气一定要平静。不要大惊小怪，那会被对方认为不够理解、不够共情。也不要呼来唤去，进行压迫性提问已经极具爆点，就不要再使用恶劣的语气火上浇油了。

　　如果不使用压迫性提问，你就要多多"点燃他的情绪"。简单来讲，就是气要比他更气，乐要比他更乐，悲要比他更悲。这也是为什么每当有嘉宾流泪，我都会跟着流泪。实话实说，我不是在表演，情到深处人的灵魂是相通的，我确实动容了。若你能与对方悲喜与共，他会更乐意交出自己。

　　我感觉好不公平啊！这么优秀的配音演员就应该走到台前，让所有人都认识您，我认为您值得！

---

① 网络用语，指与对方拉近关系的举动。——编者注

我一想到您付出这么多，却只能默默坚守，就很难受，您本来可以得到更多……

前段时间，您参加了综艺《声临其境》，终于让更多人了解了配音行业，也让更多人认识了您，真好！

以上句子中的几种情绪都是对方不会轻易表露出来的，不论是懊恼自己的处境，还是欣喜自己被赏识，都是晦涩、隐秘、不便被人了解到的小心思。而当你点燃这份情绪后，对方便会在那一瞬间得到"理解"，不再认为这些秘密见不得光。通俗来讲，这就是共情。

还有一种共情的方法，就是拿自己举例。我有很多次精彩的提问都是在自我铺垫的基础上展开的，这样做一是可以增加信任；二是可以找到双方的共同点，建立强连接；三是利益互换。《影响力》一书中提到了互惠原则，指的就是我给你一个东西，你也会回馈给我一个东西。除了具体的物品，秘密也可以交换。主动暴露自己的友好姿态，讲一讲自己过往的经历或糗事，对方便能感受到你的安全性，也会因为跟你有相似的经历而惺惺相惜，从而更加愿意倾诉自己。

最后，登门槛效应。登门槛效应指的是一个人一旦接受了你的小请求，就更容易接受其他的请求。比如先问容易的问题，再向私密的、严肃的问题过渡，这样对方也不会一下子拒绝。

不过，工作之外的我从不沉迷于此，生活中我喜欢轻微发力，不崇尚费尽心机。人与人之间的相处，最舒适的距离是不用完全看清楚对方，虽然我们具备深挖的能力，但很多事还是不要那么了如指掌，会更惬意。

第四章

攻心之道——让人对你心服口服

谁说一定要听他把话说完

打断对方说话往往是不礼貌的，可是遇到那些一说起来就滔滔不绝、自鸣得意又拖泥带水、东拉西扯的人，打断对话很有必要。我们从小被教育不能随意插嘴，这毋庸置疑，但在快节奏的生活中，人们无法带着耐心去所有场合。我们要学着掌握谈话的节奏，通过合乎时宜且合乎情理的方式，让事态尽可能地顺着自己预设的方向发展。

我们需要知道的是，那些有意识的打断，都是因为没有获得想要的答案；要不然就是已经猜到对方的想法，没有耐心等待；再或者是并不认可对方，急于纠正。总之，这场谈话已经不能给你带来情绪及实际价值了，你才会匆忙喊暂停，更有甚者会直接借口离开。

想要得体地打断对方，除了语言，也需要注意心态上的技巧。第一，要看准时机，见缝就钻。如何来判断时机，在我看来，一个字都无法再听下去的时候，就是最好的时机，时间越久，你就越无法保持礼貌。当然，你也得看准对方的状态，他是吞吐磕绊还是兴致勃勃？其应对方法也不相同。出门看天色，说话也要看脸色。第二，要会听。比如，先听明白对方在说什么，说到哪里了，再来决定自己如何打断。第三，注意语气。

打断这个行为具有攻击性，意味着不服从。因此，不管你说出口的话多么有理有据，都要在语气上退让三分。

我们怎么才能以无懈可击的方式打断对方说话，又不显冒犯且不留痕迹呢？

第一，使用肢体语言。你可以试着扩大肢体语言，如伸懒腰、双手叉腰、绑头发等，让一部分人的注意力转移到你身上，然后顺势接话。同理，你也可以把手边的杂物，如铅笔、橡皮等轻推到地上，然后弯腰去捡。此时说话者会刻意暂停输出，他要等你起身。这个方法的要点是：你要边捡边讲话。"不好意思，我发现最近一弯腰头就疼……""哎小王，你还跟这个客户联系吗？"实在忍不下去时，你就离开座位去接水、拿东西，离开这个场合，让双方都平静片刻，回来时顺便岔开话题即可。

第二，提前预警。真正的高手在刚进入场所或听闻主题后，即可知谈话内容。在预感到谈话冗长时，你可以进入预警模式，规划好自己接下来的行程，进行倒计时，这时对方只能讲重要的内容并快速推进流程。

> 我下午2点有事，只能待半个小时了。
>
> 我10分钟之后要接孩子，大家快速对接一下。

设置属于你自己的时间线，提前告知对方。如果对方识趣，自会调整谈话节奏；如果不识趣，那就只能被你打断了。

第三，帮对方总结。这是我在主持节目时经常用到的方法，更适用于对方发表冗长的赘述、价值不高的内容时。你帮对方做出总结后，再提出一个符合你内心预设的话题，让对方在你的总结中不知不觉地结束之前的长篇大论。

> 也就是说，您小时候一直是个调皮的孩子，那长大之后呢？
>
> 刚参加工作的那几年，您确实吃了不少苦，现在呢？
>
> 我懂了，您喜欢写作是因为有偶像，那您不喜欢什么呢？

在日常专访艺人时，我常有这种感受。为了避免媒体过问太多私事，艺人会把工作情节描述得烦琐又无趣，我都会适当地从中打岔："也就是说，工作占据了您的大部分时间，那平时你会做什么来放松呢？"如此一来，话题会自然衔接到我们的心之所想，不会突兀，也不会尴尬。

第四，先认可，后转移。为什么要先认可对方呢？因为一个滔滔不绝的人最怕的就是没人认真听。认可对方能降低你的攻击性，以此展示你的善意，然后转移话题。

在说话的过程中，你的语气要自然，尤其是认可阶段不要太仓促，可以展开聊几句再转移话题。认可过浅会像走过场一样透露出你的心虚，也会让氛围变得不自然。话题过渡要自然，态度要和善，创造出对刚才的话题依依不舍，但又不得不开启新话题的留恋感。

我们不一定非要听人把话说完，一次次的谈判交流是语言在碰撞，更是思想在交锋。那些善于且敢于打断他人的人，深层原因是有较强的自我框架。

中国古代的铜钱设计得外圆内方，代表一个人对外要懂得圆融变通，对内要有框架原则。我们要在对话中树立自己的权威，尽可能不要被对方带偏，但要以不伤和气、冷静且令人信服的方式表达出来，辩论选手都深谙此道。想要做到有框架，方法也很简单。

首先，要清晰认识自己的目的以及想要的结果。其次，不要偏航。很多情侣吵架的原因是嫌对方不够热情，但吵着吵着就变成了"说话态度不好""你大声吼我"，这就是偏航导致的。及时打断，带对方回到正确的航线，问题才有可能解决。而那些无法自如打断他人的人，除了框架感不强，对信息的解读能力也较弱。比如，看完一部电影，你无法对剧情和人物做出客观的评判。后期看影评，才人云亦云得知孰好孰坏。我们要在生活中不断积累学识和阅历，通过一次次的交手感受事态发展。

最后，"如何避免被别人打断"也是一个深刻的问题。认真地思考一下自己是如何沟通的，你分享的故事总是很冗长吗？你总是不挑重点通篇赘述吗？如果是，请先反思自己，刻意训练口头表达能力，多听、多想、多练。同样，你也要守住自己的战营，不论他人如何围剿，都不要被干扰。大胆指出对方的"打断"，让他意识到他已被识破，以此为自己争取更多时间。其实无论是攻方还是守方，聪明的你应该会发现，保持独立的自我才是谈话中屹立主位的核心原因。

一个说话高手虽是有意识地争得上风，但他也明白，人与人的步调讲求平衡。关系要稳固，就不要总是此赢彼输，这次跟着我的航线前行，下次就跟着对方的航线走，百船共进，才能开拓更广阔的海洋。

如何与专家对话：对话韩童生

我的家乡青岛作为国内新晋的影视之都，近些年吸引了大批剧组前来拍摄。2018 年，我有幸被评为"青岛市民电影大使"，宣传推广影视艺术也成了我肩头的重任。我时常认为，影视表演艺术家和明星的概念不同，前者是为艺术创造作品，后者是为商业提升价值。大学刚毕业那年，我随剧组去了横店影视城，见识过那里的场景，我发现真正会演戏的人往往扮演的不一定是主角，也可能是角落里不起眼的配角，说哭就哭，说跪就跪，说笑就笑。

在第八届国际戏剧学院奖的评选晚会上，我有幸专访到著名演员韩童生老师。在我的印象里，他是真正的老戏骨，每一个表情都带着戏，加上他在行业内德高望重，我很担心对方由于见惯了资深主持人而觉得我阅历少，再加上演艺人士本能的客气，我猜想这期节目的效果并不会乐观。后来我才发现，人最怕的就是大脑里有假想敌，那次访谈是我当年所有访谈节目里聊得最畅快的一期。

那天韩老师穿得很朴素，也没化妆。在这种情况下，我们要学会去适应场合。有的场合很轻松，那就不要正襟危坐；有的场合很正式，那就不要太随意。那么，面对演艺人士，我们到底该聊什么？虽说千人千面，但还是有共同点，我总结了以下几个解题思路。

第一，提出行业里的反例，让对方拆解。没错，真正能够引起专家兴趣的，是你注意到了行业内的"坏学生"。对方听到你的疑问会给你耐心解释，并深深感受到你的洞察力。

> 很多演员都是对口型、找替身，这几乎是行业的现状了。
>
> 我知道拍摄现场有很多演员都背不下来台词，很耽误拍摄进程。

你提出行业内的反例，对方就会表明自己的立场，并对不正确的现象发表观点。在此基础上，你也可以慢慢摸索到对方的好恶。

同样，面对一个环保行业的大佬，你也可以提出相关反例。例如，很多工厂为了降低成本，用的都是不可降解的材料，产生的污染问题不可估量。以此类推，与其顺着专家道路走，不如反其道而行之。

第二，找到行业的不易之处，燃起成就感。每一个细分领域的专家都有异于常人的艰辛。很多行业大牛会宣称自己运气好，那只是一种谦逊的说法，每个人的内心都更希望你能看到他的天赋、智慧和努力，因为后者才真正代表了一个人能力的高低。所以，找到对方的不易之处，将其与他人区分开来，不仅会使对方感谢你的认可，也会燃起他的成就感。

> 戏剧舞台跟影视剧不同，要跟观众互动，如果不能调动他们的热情，很多人就会中途离场。
>
> 小舞台很考验演技，就算忘词也没办法重来，场面会很尴尬。

再比如，面对奥数比赛的冠军，不要只形容对方很聪明，是个天才，而是要侧重于他的推理、计算、逻辑能力。

> 推理的过程很难，很多人都会把自己绕进去，你是怎么做到的呢？
>
> 这个算法要到大学才会学，你才上高中怎么就学会了呢？

人与人之间的沟通，除了获得必要的信息，还要学会给予对方部分情绪价值，这部分溢价可以满足对方想被看见的心愿。尽管"情绪价值"已被说烂，但它确实很重要。找到他人的不易之处，看到他人的与众不同，才是更高阶的情感输出。当你学会在谈话中满足对方的成就感时，你就会发现对方越来越愿意对你敞开心扉。

第三，看看他对事物两面性的看法。这一条非常适用于专家、学者。事物都有两面性，但多数人往往只能看到一面。对专家来说，他们的思维方式并不会掺杂太多世俗情感。例如，在医学专家看来，病毒的存在是有利有弊的。如此一来，你得到的回答会很全面，看到事物的两面性，也能够考察对方认知的承载力。

如果你想要探究一个人的深度，就一定要挖掘他的认知承载力。他可以有自己的观点，但能否接受其他观点，能否正视行业内的良性竞争，能否跳出个人狭隘做到足够客观，才是你与其沟通需要注意的重点。

第四，谈谈他的目标是什么？请注意，这里我用的是"目标"，不是"梦想""理想"。"目标"更偏向于个人的阶段计划。人们之所以把心之所向称作"目标"，是因为它未完成。未完成的事情一定有阻碍，不是能力有限，就是时间不许，或是从没想过。通过对一个人目标的了解，可以引导出对方未来的种种计划。

话题自然就多了起来。你可能要担心，如果对方没什么目标，打马虎眼糊弄过去怎么办？对于行业内专家来说，他们不会将自己有追求的资深身份丢到地上，再加上自身的执着，注定了不会在功成时轻易身退。

我们之所以崇拜专家和学者，有时也是因为对方身上有着我们梦寐以求的品质，比如"坚持""高智商""会思考"等，而我们之所以惧怕与他们交流，是因为担心自己的肤浅被对方看穿。所以说心态很重要，你要学会平等转化你们的关系，哪怕想象成学生和老师，同时掌握好以上几个解题思路，也许你会自如很多。

高阶说服：别人为什么听你的

生活中无时无刻不存在说服，在某种程度上它甚至是一切合作发生的本质，大到国政博弈、商务谈判，小到使用哪支唇膏、去哪家餐厅吃饭，都存在说服。你拥有让人"乖乖听话"的能力吗？通过你的观点能影响、改变对方的思想或行为，令其甘愿与你达成一致吗？这是一项非常重要且稀缺的技能，谁能熟稔运用，谁就掌握了"左右"他人的遥控器。只是，对普通人来说，光是表述清晰就足够困难了，说服他人更是难上加难。你明明想要争取却处处是破绽，还没给出观点就自乱阵脚、草草缴械，慢慢形成了抵触心理，不断以"不强求"为理由来暗示自己放弃说服他人，最终变成一个说话没分量的人。

我的工作中隐藏着很多说服的场景，比如，邀请一位嘉宾参与节目录制，首先要想出令其百忙之中赴约的理由；不想让对方穿白色衣服或者拖鞋，也要给出合适的说辞；再难一些，想让嘉宾着重说哪些话、规避哪些词，都要让他心甘情愿地答应，不然他为何要配合你完成这场演出？很久之前，我主持过一档真人秀节目，需要在街头随机挑选素人情侣参与游戏，但是路人大都行色匆匆，拒绝率高达80%。后来我只是在邀请时加了一句"试试吧，失败了可以不播"，参加人数便大大增加了。

还有一次，我们节目组在博鳌亚洲论坛上成功专访到中国残联主席张海迪女士。这种级别的嘉宾都要提前邀约并核对时间和意愿，节目组一周前就在争取机会，但被她明确拒绝了。

按道理来说，这种情况下也没什么回旋余地了，但是当天大家又试了一次，就是这一次尝试带来了惊喜。张海迪女士行动不便，节目组一路安静地跟随，没有反复打扰，等到对方工作结束后，我们才迎上前去发出邀请。

> 张主席，恭候您多时，我们是××节目组，希望您能在百忙之中接受我们的采访。刚才博鳌论坛原秘书长也接受了我们的采访。这次采访不会耽误您太长时间，最多20分钟，演播室就在隔壁。

这一桩本来没可能的"生意"就这样史无前例地被拿下，我们成了国内极少能专访到张海迪女士的传统媒体。

高阶的说服是要让对方心甘情愿，一旦你透露出了强迫的意愿，结果就不会尽如人意。为什么你总是无法说服别人？原因很简单，也许是你从来没有站在对方的角度，设身处地为对方着想，即弄清楚他的"希望"和"不希望"。

"希望"和"不希望"是我们促成决策的最基本情绪，这是一切决策的根基，可适用于促进任何事件的发生。在此基础上，我们可根据不同的情境，通过一种或多种理性、非理性的说服技巧，来加深愿望的可行性。

第一，先认可，再表述。"说服"这个行为往往带着冒犯性，由于要让对方改变或调整自己的意图来配合你，因此彼此交涉的过程一定带着防备。此时，学会先认可，即表现出你为其考虑、替其着想的同理心，这时候再表述你自己的观点，往往更容易被对方接受。

　　我理解你们的感受，如果是我也会生气，只是到了年底这个节骨眼上，咱们还是再忍耐忍耐吧，先把活干完。

　　你们说得对，缩短午休时间肯定很难保证下午精力充沛。不过好就好在，工作完成后可以提前半小时下班，而且公司还给订了下午茶，不然真的很辛苦。

　　确实，这个价格对大学生来说有点儿贵了，我能理解。只是这一款的功能确实齐全，而且款式用个三五年也不过时，您可以再考虑考虑。

　　厉害的说服者一定明白如何站在对方的角度分析问题，要学会延迟反驳，不着急给出反面意见，建立同理心。这会让对方认为自己被尊重，自己的需求被看见。如果你一味地驳回，就会触发对方的防御系统，让其在你的反驳中寻找破绽继续驳回。先认可对方，再表达观点，也是强化"希望"与"不希望"的表现形式之一。

　　第二，利用牧群效应。牧群效应也被称为从众效应，指一个人抬头看天，其他人也会陆续跟着抬头，个人的行为和观念受到群体的影响。在这种效应下，个体会认为群体掌握更多的信息、具备更强的判断力，所以在犹豫不决时，他人的行为就成了可靠且可参考的指南针。

店里卖得最好的就是这款手表，年轻女孩一般都选蓝色。

这个月效益不好，可能得降薪，不过不是你一个人，所有人都一样，连经理都降了，大家都能理解。

面对群体行为时，我们总是会不经意地把独特性抛弃。你只需告诉对方大多数人是怎么做的，他就会更加容易接受你的建议，因为"其他人都这样做了"。

第三，利用光环效应。光环效应也被称为权威效应、名人效应，指我们会无意识地听从更具影响力的人士发出的指令。这份光环甚至超越了事件本身，能让陌生人表现得更为恭顺。你可以在聊天中多引用某些权威说法或学者观点，以此来提升说服力。

我们的节目邀请过中国残联主席张海迪女士，那期节目很精彩。希望有机会也能邀请您来畅聊一番。

这款眼镜是德国知名眼科医生代言的，他从专业角度认证了其安全性，现在学生都佩戴这一款，您可以看一下。

具有影响力的人天生自带威信，更容易被人们信服，有了这种光环的加持，你的观点也更容易被接受。除了权威效应外，若还要提到什么人，不如多提一提对方的好友。心理学家研究过，朋友对一个人的影响是至深的。一个啤酒厂的老板可以科学地告诉你，为什么一种啤酒比另一种好；但你的朋友不管懂不懂啤酒，都可以对你选择买哪一种啤酒具有更大的影响力。

第四，学会"得寸进尺"。谈话高手的说服从来不是直接的，聪明的做法是从一个小点开始试探，再慢慢向更大的目标前进，俗称"得一寸，进一尺"。由于你已经答应对方的小要求，碍于自己打造的良好人设，而不得不继续维系下去，你会不知不觉地答应更多。

我们家有一款免费面膜，进来试试吧！你看效果多好，再搭配上这款精华，皮肤就会变得更水嫩！

借我 200 元吧，明天就还你。上次我还钱及时吧？不过今天还得麻烦你，再借我 200 行吗？

生活中有很多得寸进尺都是慢慢让对方接受了这种设定："都是小忙，再帮一次又如何呢？"结果不知不觉已陷入巨大陷阱。就像追女孩，一开始就表白未免显得目的性太强，不如从吃饭、约会、做朋友开始，一步步向上叠加，慢慢靠近你的最终理想。

第五，数字的魅力。人们有时更容易被夸张的数据吸引，那些理性的分析、缜密的换算往往不如一个数字来得有力量。数字可以给人更直观的感觉，人们可以立刻在大脑中做出判断，如此说服对方也相对容易。

学街舞的 108 个理由。

×× 洗衣粉，有效去除 99 种污渍。

用了这款精华，可以年轻 10 岁！

不论在什么情境下，数字都可以让人省去思考时间。这些数字哪怕没有被真正证实过，也会令人深信不疑。因此，想要做一个好的说服者，要学会多多利用数字，在此过程中让对方产生感性反应，从而被你说服。

说服他人的方法有很多，诸如创造事物的稀缺性、为说服对象提供好处、都可以增强你的说服力。但是高水平的说服要结合当下的情景，视情况来决定是出一招还是使用组合拳。理论上，没有人是不能被说服的，只是你还没有系统地了解说服他人的方法。

总而言之，不论如何运筹帷幄，都要学会适时、适度地付诸感情，这是提高说服力的加速器，唯有真诚地付出才能更有效地说服对方。

谈判桌上的高手

谈判是人类活动的基本形式之一。大到两国外交，小到菜市场交易，都是不同场合下的谈判。不擅长谈判意味着，你本可以通过语言及心理博弈争取更多，却因无法掌握节奏而渐渐偏航。谈判桌上的高手不一定拥有多么高超的博弈手段，但一定懂得克制本性。

谈判一词由"谈"和"判"两个字组成，"谈"指彼此间的交涉；"判"指做出决定。因此，好的谈判应该是双方通过交流达成一致，最终取一个最优解来达到双方利益的最大化。然而，很多人都陷入了误区，认为谈判就是要高人一等，不退让、不妥协，要让对方充分满足自己才算成功。如果事情不利于自己，就耐不住脾性，没等板凳坐热就开始出击；或者不断迎合对方，处处让利以求合作机会，生怕自己没有利用价值，认为一味满足他人才是合作的本质。

谈判的本质并非单纯的利己或利他，而是共赢。切忌把对方当成对手或敌人，不要一心只想着如何攻破对方，你应该以合作为导向来推动谈话，最终实现共赢，这个法则适用于任何关系。亚当·格兰特（Adam Grant）在《重新思考》（*Think Again*）中提出了一个比喻，大意为谈判像是没有事先编排的舞蹈，你的舞伴可能会抗拒与你做同样的动作，因此你要设法引导他，让他接受你的节奏，最终达到和谐一致。我想再补充一句，适当让对方舞出自己的步伐，这支舞蹈会更具观赏性。

想不想知道谈判高手是怎样一步步攻下城池，让双方的步调都围绕着心之所向的？以下 7 个沟通技巧，也许会给你答案。

1. 学会倾听

谈判的开局要花大量时间来听对方说话，你是否能听出他的弦外之音，正确进行分析及判断，这些都是实现谈判目标的关键。"听"不只是一味接受对方的输出，还要在不知不觉中引导对方进行更详细表达，你要通过他的神情动作、关注重点、思维逻辑等判断其核心意图，以此来争取时间做出反馈。

我想先听听咱们这个项目。

类似的项目我们接触过一些，不过还没探索到合适的方案，您有什么建议？

大多数时候对方与我们抱有相同心态，也希望在谈判开始时就知晓彼此的心意，然后及时调整下一步策略。在这个过程中，请你保持沉着冷静。尤其是不要让神情出卖了你，不论你听到多么不可思议的假设，都切忌轻易给出答复。尽量展示出"一切皆有可能"的样子。

2. 学会避重就轻

谈判一般分为四步，其中第一步也是最重要的一步就是懂得"寒暄"。简单来讲就是聊一些与正事无关的话题，如天气、饮食、家庭、爱好等，目的是缓和重利的氛围，以示礼貌，让一切显得舒适自然。若能旁敲侧击出对方的背景及偏好，更利于后续正题的开展。

您好，我们先聊聊这个合同吧，这个价格……

→您好，第一次见面没想到您这么年轻。今天天气真好，有机会出来谈合作也当是放松了。

谁说商业合作是唯一目的？千万不要把事情搞得太严肃。如果一上来你就直奔主题，只会显得你不懂变通、太过生硬。当然，我也不是提倡与谁都要交友式合作，只是你的形象至少不要显得那么急功近利。此外，你还要注意谈判的节奏。心理学研究发现，人的谈判精力在前 30 分钟最集中，这段时间更容易得到积极回应。一旦拖沓，人的精力就会被疲态稀释，事情的吸引力也会被分散。

在面对关键矛盾的时候，你最好不要直戳重点，这会引起对方的防备而导致你变得被动，要想达成目的，尽量轻描淡写地说出来，并且学会弱化自身弱点以防止对方揪住不放。

我们这边不能提供这些设备，成本太高了，您得自己想办法。

→这个报价我们也是尽力做到最低了，这部分本身就没什么利润。那些设备比较难买，您可以多问问，谁有的话借一下也行，成本那么高，您也没必要再出钱买了。

当然，还有很多无关紧要的小分歧也不要过于放大，毕竟因为不太重要的话题导致僵化，就太得不偿失了。

3. 做好充分准备

对于所有的出价和要价都要给出充分的理由，不能前后矛盾。若是对方提出质疑，你也要给出万全的回应。更好的办法是，厘清每一条方案的利弊而不仅仅是优点。有时缺点也是吸引力，适当地指出缺点有利于树立你专业及坦诚的形象。

每一个说服他人的理由，都要从利他的角度出发，为什么他一定要答应你的请求？这对他来说有什么好处？这种好处的阈值有多大？事先一步想到对方的利益，用充分的理由打消其每一个顾虑，尽可能做到没有破绽，这就是谈判高手的秘密武器。

谈判最忌讳的就是"两手空空上牌桌"。这种"空"是指没有进可攻、退可守的万全之策，就一头热地开启了博弈。为什么有的人总能做到百发百中？别把他想得那么神奇，除了筹码足够有吸引力，可能还因为他细致入微地洞察，做好了万全的准备，能接住对方的每一次出击。

4. 第一次出价

心理学讲的"锚定效应"，指的是人们在对某人或某事做出判断时，容易受到第一印象或第一信息的支配，就像沉入海底的锚一样把人们的思想固定。简单来讲，锚定效应起到的是参照作用，越是过早给出参照物，越是只能围绕平均值，无法接触更高点。为了利益最大化，你要避免最先出价，如果实在无法推脱，也要把这个预期体现得灵活一些。

预算我们还在商量，这也得看整体的内容和时长。

我们肯定是希望促成合作的，不过还是想了解一下贵公司之前都有哪些合作模式，规模怎样，差异在哪里。

如果对方直截了当地询价，你不能给得太满，要学会循序渐进，在试探中不断摸索对方的底线和天花板；要是话已至此，不得不出价，也要多设置障碍，说明一切都会跟随不可抗力因素浮动，在你来我往中找准合适价位。值得注意的是，如果对方给出的条件超出你的预期，你也不要仓促接受，永远给彼此留有周旋的余地。若是看到诱人的条件就不假思索地答应，一来容易暴露筹码，二来也会让对方感到吃亏从而调整策略。

5. 多使用假设

谈判不是辩论，一定要注意措辞，不要以命令、要求的口吻试图盖过对方的光芒。前文中提过，谈判的本质是互惠互利，你可以在提出要求的时候使用假设，这不仅表达了你的自我需求，又给足对方充分的考虑时间，不至于一上来就喊破了底价。

太贵了，这个价格我们接受不了。

→要是能再降价20%~30%，我们可以直接采购100箱。

多使用假设可以探索对方的利益点和可能性，并且给自己和他人都留了思考空间。错误的谈判者会把对话当成辩论，觉得只要气势压过对方，就不会被看轻；更有甚者总是会在语言上压制对方，这是非常不明智的。美国杰出的谈判家杰勒德·尼伦伯格（Gerard I.Nierenberg）说过："一场成功的谈判，每一方都是胜利者。"我们要学会把舞台让出来，让对方获胜，让自己获益。

6. 让对方觉得他赢了

有经验的谈判专家都会让对方从内心感觉最终是他自己获胜了，简单来讲就是对方觉得自己占到便宜了。这份心理暗示可以为你省去很多不确定因素，谈判虽结束，但合作才正式开始。如果你太得意忘形，让对方反应了过来，哪怕白纸黑字的合同已落实，对方也会在后续的合作中表现出戾气。

> 这次给你们配备了最好的团队，他们很有经验。难得他们对这个项目感兴趣，这钱花得值！

有时你要跳出谈判者的身份，试着去纵览全局，以旁观者的角度观察整个过程，你就会发现更多奥秘。

7. 留有后路

谈判中一定不要把自己置身于最高决策者的位置，无论多么诱人的条件，都尽量避免当场成交。谈判中的每一环都可能存在陷阱，涉利较大的交易尤需谨慎，我们务必争取考虑时间作为退路。

> 行，我听明白了，我回去跟领导汇报一下，关于后续事宜我再跟您联系。
>
> 这个项目确实让人心动，不过我一个人决定不了，还有几个股东也得知会一下，稍晚些给您答复。

这样不仅为自身的决定留有余地，也会激发对方再次出价的欲望。心态再稳一些，也许你会收到更大的惊喜。同样，激将也要掌握分寸，切不可把话说得太绝对。

我们就是这样的标准，你达不到的话我也没办法。

我们让步不了，实在不行你还有别的选择。

永远记得留有后路，以上两句话很容易引起对方的反感，缺少迂回的余地。若是对方的选择很多，很有可能就此谈崩。这个世界不是非黑即白，所以不要把路越走越窄，这次不成，也可以期待下一次，一城一池的得失或许并不那么重要，留出弹性地带，路就会越走越宽。

谈判是一种艺术，也讲究技术，成功的谈判是各方出色运用语言艺术的结果。你要不断调整重心，才能让天平尽可能平衡。当然，我们也不要过分追求平衡，共赢自是皆大欢喜，但世事怎会如此完美？只要能保证双方有利可得，就是非常不错的结果了。

第五章

用话语为你赢得话语权

怎样说"不"才能不伤感情

你是生活里的"好好先生"吗？

● 不懂得拒绝他人的要求，即使内心万分不满也会尽力满足对方。

● 即使做好拒绝的准备，也会在开口前语塞迟疑，最终还是露怯妥协。

● 鼓起勇气拒绝，却因为言语伤人导致关系破裂。

……

做主持人的这些年，我交了很多朋友。有些朋友讲规矩、讲道义，关系在你来我往间维持得很好；也有一部分人打着"情谊"的名义及虚晃的空头支票，来不断攫取我的价值。比如，朋友请求我帮他做免费商业宣传，对此我曾说服自己：帮个忙而已，只要我有时间也不麻烦，就不要驳人面子了。可是时间一久，对方很容易忽视你的义气及付出。所以再次面对他的请求时，我就有方法地划清了那条不清晰的边界。尽管说"不"的当下有些为难，结果却是越来越被尊重，我不仅没有为此失去值得交的朋友，反而剔除了很多无谓的烦恼。

季羡林在书中写道："能够百分之六十为他人着想，百分之四十为自己着想，他就是一个及格的好人。"你可能会感到疑惑，一个好人怎么还要为自己考虑呢？其中的玄妙是，你越珍重自己，别人就会越有方向地遵循你的框架，你们的关系才会长久舒适。生活里的你在百分之百满足别人时，是否换来了一丝珍惜？那些顺手做的事或许全都落在了你的肩上，取快递、打印文件、带饭带水……你看起来那么顺路且顺手，你想拒绝都找不到理由，如此一来更是坐实了你的这种"便利贴"属性。

拒绝是获得尊重的一种方式，但现实中很多人都难以做到，从本质上来讲，还是因为个人边界不够清晰，且无法独自承担结果的好坏，这类人往往有以下几种心态。

第一，追求价值存在感。每个人都在追求价值感，也在不断寻求及确认自我存在的意义。如果没有在追求自我价值中得到认可，就会引发自卑机制，由此想要通过不断帮助别人，给予对方价值，来获得自我的肯定。

第二，在意人际关系。这类人极度渴望维系关系，会高度敏感地观察他人的行为和需求，通过迎合他人来维系人际，不想落得一个"不近人情"的下场。

第三，担心自己得不到帮助。这也是大部分人会担忧的问题，过于考虑自己未来的处境而不敢大胆地表达拒绝。他们害怕失去潜在的机会或人脉，不想拦腰斩断贪便宜的可能性，只好一次次地妥协。

以上几种心态都属于人之常情，所以不必太过担心，只要用对了方法不仅可以避免关系崩坏，还可以为将来积累人脉打下基础。那到底应该怎样说"不"，才不伤感情呢？那些拥有自己原则和框架的人，是怎样在一次次拒绝之后，依然与他人保持良好关系的？下面分享五个实用性极强的技巧。

第一，共情。"拒绝"二字本身就带有攻击性，是一种较为排外的体现，如果想要关系平稳，就要学会感同身受，站在对方的立场上，说出他的心中所想。

我知道，这事特别急，换作是我可能会更慌乱，咱们一起想想办法！

我理解你的难处，上有老下有小，要不也不会来麻烦大家。

共情可以让对方感受到"我的难处被理解了"，并对你产生了信任，这样才能听得进去你拒绝的理由。我们要让他知道——你只是无法帮他完成这件事，而不是拒绝帮助他本人。

第二，巧用第三方。如果没有什么可信度高的理由，你可以借用可信度高的人当作挡箭牌，如公司领导、老板、父母等人。用他人之口言己之意，让对方了解你的处境，他就不会轻易呵责你，更容易知难而退。

我也想再便宜一些，但是公司有规定，我自己也做不了主。

领导让我先做这份合同，没法陪你出差。

无形之中出现的第三方，掐断了对方不断试探、协商的余地。只是这个人也不适宜多次出现，出现得多，会显得你依附感太强，这在一定程度上会削弱你自身的社会价值。

第三，替对方想一个办法。你若无法给予帮助，便可以试着为对方想一个办法，即帮忙提供一个解决方案或替代方法，这样可以体现你的用心。不管你的方法是否奏效，对方都会报以感谢。

我的箱子装不下了，没办法帮你带东西。我推荐一个当地的销售员，你问问他能否代为购买。

"我现在比较忙，没办法帮你走流程。我把之前的模板发给你，你看看，参照着写很简单的。"

虽然你拒绝了他的请求，但只要他的问题可以得到解决，也不失为一种好的结果。哪怕他的问题没有解决，他也能感受到你在用心帮助他。

第四，制作"汉堡包"。汉堡包的外形是一层面包，一层夹心，再加一层面包，我们的制作公式也一样：好话＋拒绝＋好话。想要削弱拒绝的攻击感，就要在语气、措辞等方面找补。如果汉堡包的夹心太苦，就让两片面包的糖分再高一些，整体中和一下，口感就会好很多，我们给人的感受也会更加舒服。

　　谢谢你的信任，不过我今天有事要提前下班，可能帮不了你，你不会怪我吧？其实你才是我们公认的写文章能手，我哪能有你写得好呀，我们都觉得你可厉害了。

　　赞扬对方的能力。之后明确拒绝对方，这一部分不要拖泥带水，越明确越容易被接受。最后再次抬高对方，挡住他的质疑。总的来说，就是要通过赞美稀释拒绝带来的冲突，哪怕对方感受到了汉堡的"用料"，也会"吃"得津津有味。

　　第五，画圆立规矩。通过几次明确的规定，让他人渐渐感受到你的底线。这个方法更适用于职场、校园这种需要长期维系关系的场所。

　　每天上午10点是我做工作计划的时间，这段时间确实不行。

　　我周末要带孩子去上舞蹈课，所以换不了班。

　　立好了规矩就不要轻易打破，增强它的不可撼动性。当你非常忙碌的时候，自然不会出现过多杂事，只是在规矩之外还需要你的灵活变通。想要让别人继续迁就你立好的原则，你就要学会在一些无关紧要的事情上适当满足对方，人情维系要像海浪那样，有起有落。

　　说"不"的方法有很多，但是不要幻想存在完美的拒绝，不论是单刀直入还是宛转绵长，都是在某种程度上将自我和他人隔绝了。为了抵消这种冲突感，很多人往往陷入误区，看似精明的操作，实则给自己埋了不少隐患。

第一个误区，为了缓解愧疚，承诺下次一定帮忙。因拒绝而感到抱歉的人，想要为彼此的关系留有活口，经常扔下一句客套话当作空头支票。如：

> 下次啊！下次一定帮你取快递。
>
> 我们这次名额有限，下个月我肯定帮你报上名！

说者无心，听者有意，被拒绝的人出于颜面也许当时不会过多地责怪你，但却隐隐感觉你亏欠了他，因此客套话也会放大听。若到了下次你并没有实现之前的承诺，那你提前预支的就是你的信任和口碑。想要在当下通过承诺来消解对方气愤的正确方法应该是，不把话说满，顺势提点小要求。

> 下次取快递提前跟我说，记得买杯奶茶犒劳犒劳我。
>
> 这个月的名额满了，下个月帮你留意，你得请吃大餐"贿赂贿赂"我啊！

用轻松的语气提出一点小要求，可以降低对方心中较高的期待，强化"你的帮忙是有价值的"。

第二个误区，用拖延当作挡箭牌。这是很多人最常用的方法。由于不好意思直接拒绝而不进行正面表态，通过拖延、回避、失踪等方式，试图让事情不了了之。

　　国庆节我不确定有时间，到时候看看吧。
　　我一直在开会，晚点看看吧。

　　不把话敲定，对方就一直存有希望，这份希望会随着对方等待你回应的时间增长。等到一定时间时，对方失望的组成部分就不只是事情本身了，还有你迟迟未表态带来的失责感，如果拒绝实在难以说出口，那么可以补充一句"退路"。

　　国庆节我不确定有时间，你先问问其他人，我有消息再通知你。
　　我还不知道开会到几点，你也想想其他办法，晚点联系。

　　你提前给出了最坏的打算，对方心中就得盘算是否要去寻找新的帮助。这种方法既没有直接表态，也没有因你的回避直接耽误对方的进程，比起一味地拖延要合适得多。
　　第三个误区，拒绝得不彻底。拒绝得不够彻底很容易被对方抓住"把柄"，以至于你不得不做出让步。

　　我一紧张就容易忘记动作，我担心给你搞砸。
　　没关系的，或者你可以帮我主持，念稿子就行，也没有难度。

如果这样极限拉扯，那你一定会败下阵来，因为你给出的理由并不完全成立，在他看来有很多可进攻的"把柄"。你若是希望通过发泄、抱怨的方式让对方良心发现，那主动权就完全交给对方了。当然改善方法也很简单：拒绝得彻底一些，理由要尽可能无法反驳。例如，"我当天有事""我那几天刚好出差"，事情就容易很多。

第四个误区，过度解释。适度解释代表了我们对他人的尊重，但解释过多就像是在掩饰了。拒绝就是拒绝，说得越多越会被认为在找借口，漏洞越来越多。

> 我明天可能要出差，帮不了你，不好意思啊。我们领导一直在催项目的进度，我本来还想下周再去的，但是他最近脾气太火爆了，我怕他催我，我纠结了一下还是明天走吧。

解决方法：停止赘述。以上替换成"抱歉，我明天要出差，领导催得紧"足矣。拒绝本来就是你的权利，请你安心使用它。

人们总是想要展示自己的高情商，总是找出各种理由。你误以为自己委婉又得体，实际却让人感觉你变动多、不踏实，这样的拒绝并不能体现你如鱼得水，反而消耗了你身上本该有的信任。

拒绝不是拒人于千里之外，而是捍卫自我权利的一种手段。想要获得健康长久的人际关系，请留三分爱意给自己。不要忽视自己内心的声音，所有为了考虑他人而放弃的自我边界，都会在一次又一次的憋屈和拧巴中刺痛你的心。一个健康理性的成年人，要学会说"不"，学会通过拒绝获得更多的尊重。

吵架的门道——争取利益不损和气

你会吵架吗？

吵架时，你是不是每次都气得面红耳赤却一句话都说不出，事后复盘才懊恼为什么不那样发挥？不然就是无法顺畅地表达自己的内心想法，应激之下句句答非所问？又或是一听到对方的反驳就忍不住委屈想哭？无论下定多大决心，组织好多流畅的语言，到了下一次还是发挥不出来？

"吵架"在一般意义上是不被人们认可的，因为它代表了对抗和战斗。我们时常被父母教育要与人为善，因此在日常生活中我们都尽力避免成为一个争论者。然而，我很欣赏会吵架的人，在我看来这是逻辑清晰、思维敏捷的象征，再加上独特的个人气场，反而容易在人群中出彩。"吵"的方法得当可获益万千，高手都深谙此理。不论我们是否赞同此方法，都要有对抗的能力。因此，我们要系统地了解吵架的构成体系，当有一天你不得不吵时，就要吵出水平。

美国硅谷创业之父保罗·格雷厄姆（Paul Graham）将争吵分为金字塔式的七个层次，分别是：辱骂、人身攻击、批评语气、单纯反对、驳斥、反驳原文、反驳核心论点。从初级的辱骂攻击到顶级的反驳核心论点，高下立判。前三个层次不针对事件本身、以主观情绪为依托，对其个人进行攻击或质疑，比如，"你就是个笨蛋""这个都能做错""能不能动动脑子"。后四个层次逐渐加深了对事件本身的关注，用更加理性客观的论点加以解释或反驳。在这座金字塔中，我们只需记住"对事不对人"。

我们常常认为自己对事不对人，但更多的时候是对人不对事，或者既对人也对事。我们在论证中要更多关注事件本身。如果故意攻击论证者，那么争论的结果将变得毫无意义，只是一场纯粹的发泄罢了。

你太大男子主义了吧！完全看不起家庭主妇！

→我不同意你的说法，家务是家庭责任中很重要的一部分，虽然无法用金钱来体现其价值，但这是维系家庭运转必不可少的一环。

克制指责是一种智慧，也是一种手段，遇事不要急着下定义，将事件展开阐明，期间辅佐引文、数据等资料作为支撑，把道理讲通，才算得上是一场精彩的争论。千万不要因为嗓门大就沾沾自喜，如果内容不够有说服力，那就不算是完全的胜利。

明白了吵架的核心要义，我们就可以逐步拆分如何才能既争取利益又不伤感情。人与人之间会产生冲突，是因为双方所持观点代表的利益有偏差。因此，你要学会从对方起伏的情绪中观察他想表达什么，需求是什么，明白了这些才可以对症下药。除此之外，你还要学会以不同的方式缓和冲突带来的对抗感，让紧张的关系回归轻松状态，不要做情绪的奴隶。

第一，努力做到一招制敌。输赢有时不在一个回合，但单方面宣告结束争吵会给对方一拳打在棉花上的无力感，这种不做回应的震慑力不可小觑。比如，在互联网上与陌生人争论的时候，不要陷入车轮战，反复纠缠于一个点，这样很容易丢失你的主线。日常谈判也一样，亮明底线后你就不要再赘述了，打得既准又稳，对方自会明白深浅。

你凭什么骂我？在网上骂别人显得你很有优越感吗？……我的生活我自己做主，你有什么资格指手画脚？……我并不是一个虚荣的人，我只是分享日常的生活……

→如果你继续谩骂，我将举报你的账号。

你的每一句话都要有力量，若做不到，那就尽可能少说或不说。反复问责看似吵得激昂实际毫无意义，你来我往中只会不断降低你的威慑力，就算你原本占理也会因为过于纠缠而变得理亏。对于那些侵犯到你利益而又不退让的人，则要给出最后的警告，然后不再说一句，这个猜疑、等待的过程会引起对方的恐慌，事态也会更有利于你。

第二，学会借力、打力。这是很巧妙的吵架方式。在没词可说的时候，你可以顺着对方的话进行回击，用对方的逻辑击打回去。你要站在更高的维度厘清争论中的体系，切不可在思考的过程中掉进对方预设的陷阱。

关注你那么久，我发现你真的很不会演戏，这么多年一点长进都没有。

面对这句恶评，如果你最先想到的是解释自己的演技如何，那么争论将会无休无止，当然也不要回复诸如"谢谢提醒""我会努力的"之类的话，这些话好像在证明你甘心承认了恶评中的预设，舆论导向也会被对方的节奏带歪。那怎样从这句话中找到可以借力的点呢？首先，"关注时间很久"就是对方给出的一个发力点。我们长时间关注一个人，必定是被他的优点吸引，即使此刻你对我提出批评，也无法消除这份感情；如果无感，你何苦为我敲下了长长的一行字？

关注我那么久，我发现你真的很喜欢我，这么多年也没"脱粉"。

跳出框架本身，诙谐地转移方向，悄悄化解原有的矛盾点，这就使对方很难再次发力。由于你避冲突而不谈，他就会产生愧疚感，如果继续回到演技差的话题，那也显得自己太不近人情了。第二个发力点可以落到对方的客观条件上。由他说"你不会演戏"而推断他是一个说话不怎么客气的人，拿住这一点进行放大，然后击打回去。

> 关注我那么久，我发现你真的很不会说话，都不知道鼓励鼓励我。

通过以上两种借力方式，我们不难发现，学会吵架就是通过对方给出的破绽找到发力点，顺势击打回去，姿态看似松弛，实则力大无比，这就是"以其人之道还治其人之身"的意义。

第三，学会以退为进。竞技体育中很多项目都需要助跑，在我们决定起跳或加速的时候，都会象征性地后退几步，以迸发出更强的力量。而在人与人的沟通中，学会退一步是很高明的智慧。此刻的"退"并不是让你道歉或认错，而是以示弱的姿态缓和冲突，或是终止关系使对方产生失重感，从而达到你的目的。

第四，学会夸赞、示弱，可以适当浇灭对方的怒气。

> 你就仗着我喜欢你，一直胡搅蛮缠！
>
> 要不是看你长得帅，我会在这里跟你吵架？
>
> 其实我今天在单位被领导骂了，没想到你一点都不心疼我，还跟我吵架！

怒火中的人都在期待一个台阶，不然就算吵得心力交瘁也不会停下来，你巧妙地夸了对方或表达伤心、难处，可以冲抵大部分矛盾，接下来再冰冷的人也舍不得发火了。敢于示弱才是强者，看似退了一步，实际牢牢把握了谈话的走向。对方会赞叹于你勇于承担，在他产生愧疚之际，你就可以顺势出击，达到你的目的。

> 你刚才凶我了，我太伤心了，罚你洗一个月的碗。
> 算了，我也不怪你，那你就把这些合同做完吧，咱们一笔勾销了。

第五，学会终止合作，让对方来做选择。双方利益想要达到平衡，无非就是双方各退一步或者一方妥协。我们若是不想过多让步，就要学会终止合作、终止关系。比如，顾客时常因价格太高而选择假装不买了，此时商家总是会将其叫回然后让利出售，让紧张感真正确立起来，你会在谈话中占得上风。

> 这已经是我们能给到的最低价了。您如果不相信，可以在市场中对比一下。合作这么多年，我们从来都是以贵公司为先的。合作最重要的还是信任，如果您觉得不合适，那这次我们就不参与了。

谁说吵架就一定要硬着头皮冲在前面？你可以停下来，留出一些空白，这种后退会给双方充分的时间来思考。只是，"终止"是一种对抗行为，因此你的措辞要尽可能柔缓，切不可太过强硬。退，是为了更好的进。

第六，学会播放精彩片段。人永远是在正向鼓励中变得越来越好的，哪怕他并没有那么好，也会因为你的鼓励而不得不偏向于此。多从正面强化对方的改变，比如，那些改正了的缺点、曾经做出过的妥协，都可以当成电影片段一样经常拿出来回味。

> 你今天跟之前不一样了，你真的有在认真考虑我的感受，刚才的事我虽然也有些生气，但还是很感动。
>
> 刚在一起的时候，你特意跟我说不论如何都不能生隔夜气，现在怎么还气着呢？想想一起走过这么多年，多不容易，你还气什么呀。

通过强化优点来将对方引导成为一个品德高尚的人，是每个争论者都要培养的意识。"吵"这个动作一旦发生，很难不留痕迹。只有通过不断正向暗示，你们的感情才不会在一次次争吵中消逝。

当然，吵架也有很多不能且不该说的话，如翻旧账、放狠话、贴标签、骂脏话、攻击父母等，这些都是沟通中的大忌，稍被情绪左右就会覆水难收，永远不要让自己陷入没有退路的境地。

高手之间的较量基于一个"稳"字，不论你如何出招，我自岿然以待。当然，吵架的最高境界是不理会。这是一种境界，而非手段。如果你不因风动而乱了自己，那你便可以进入下一阶段的人生修炼期。只是人的情绪及周遭的际遇随时在变，我们还是要以万全的姿态迎接扑面而来的每一次对抗。通过良性的争论，为自己赢得更多。压抑不是善良，也不是胸怀宽广，而是怯懦。

做一个会吵架的人，不要总在最该反击的时候，告诉自己吃亏是福。

这样提要求才不会被拒绝

这个世界上并不存在百分之百的心甘情愿，一切事物的发生都有不同程度的驱动系统。那些擅长提出要求或积极表达需求的人，生活往往顺风顺水，人也不会拧巴；而唯唯诺诺、害怕拒绝又顾及面子的人，大都不能舒心顺意。

你是一个敢提要求的人吗？且不说"怎么提、如何提"，但单说这个"敢"字，就戳中了不少人的心。人们时常担心自己会给别人带来麻烦，这代表自身价值的缺失和解决问题能力的匮乏，同时又害怕被拒绝后无法直面尴尬，内心不够舒展，做不到应对自如，以上均为"不配"带来的"并发症"。

人与人的相处都是有条件的，哪怕是亲生父母，也会对孩子有不同程度的期待，而那些自诩甘愿奉献的人，多半也是为了完成自我救赎。我们要正视人与人交往的本质，正视自身需求。

怎样提要求是一门学问，明确清晰地表达自身需求只是基础，更重要的是如何降低被拒绝的可能性。提要求的实质是一种冒犯，一种试图以掠取他人资源为我所用的冒犯，因此，个中技巧不能忽视。

1. 从小事请求建立连接

在 2020 年中国财富论坛上，我有幸专访到了原中国保险监督管理委员会副主席、国务院参事室主任周延礼。中国财富论坛每一年都会根据当下经济发展趋势与社会主要矛盾产生的碰撞设置一个主题，周延礼作为业内专家及全国政协委员，也在积极参与推进国家经济多元化发展。论坛当天设置了多个分会场，周延礼在不同时间段都有发言，我们只向他预约了 20 分钟的采访时间。原定的采访内容结束后，他又在大家的积极询问下做了一个只面向我们节目组针对个人资产分配的方向解析。就在大家纷纷向他道谢寒暄、准备摘麦送客之时，我又顺势邀请对方为即将到来的中秋节录制祝福语……原先 20 分钟的工作时间硬生生地被我延长了 2 倍以上。

这就是登门槛效应，人们一旦答应了一个小请求，就会增加同意这种请求的倾向，当他卷入这场旋涡后便会产生一种成就感，此时再进一步提出请求，对方往往很难拒绝。这个神奇的效应也验证了一个有趣的发现：帮助你的人会再次帮助你，对你好的人会再次对你好。这在现实生活中也很常见，比如：

兄弟，能借我 20 块钱吗？一会儿还你。

可以啊。

兄弟，我可能还得借 100 元，忘记带钱了……

行啊，反正你还钱速度挺快。

只要他不排斥你的小请求，你接下来就可以继续"进攻"。除此之外，登门槛效应还可以这样来用，即拆分任务，当你需要别人帮忙完成很大的项目时，直接开口很容易吓到对方。若是拆分为几个环节，挑出极易上手的那一部分让对方先适应，随后真诚表示感谢，这样一来当你再次提出请求时，就不容易被对方拒绝。

追女孩也是如此，想要与她恋爱，得先从共进晚餐开始，一步步建立联系。可以说，小请求具有大魅力。

2. 拆屋效应

鲁迅在《无声的中国》中说道："中国人的性情是总喜欢调和、折中的。譬如你说，这屋子太暗，须在这里开一个窗，大家一定是不允许的。但如果你主张拆掉屋顶，他们就会来调和，愿意开窗了。"

这就是著名的拆屋效应，指的是先提出一个对方难以接受的要求，再接着提出一个较易实现的要求，从而达到你的目的。当你的要求过高，超出了对方的预期时，他就会有所防范并产生排斥，此时如果你紧接着提出一个更为合理的方案，相信谁都会选择那个更具性价比的要求。当然，跟登门槛效应一样，为了维持自己的良好人设，人们常常不好意思连续拒绝他人，何况是一个没那么难完成的任务。同样是关于借钱：

> 兄弟，能借我 10000 元吗？
>
> 啊？我也没那么多钱啊。
>
> 那好吧，能先借我 200 元应下急吗？
>
> 呃，也行。

你有时很难拒绝他人，是不是也被这种落差欺骗了？你正窃喜选择了更少的付出时，也许是掉进了对方预先设计好的陷阱。

3. 不要强调你过去的帮助

很多人在提出要求时好似讨债一样，自作聪明地主动提及曾经对他人的帮助，言下之意是"我之前帮过你，这次你不答应我，就是不讲义气"。这种惹人厌恶的做法极有可能换来对方的排斥，那些并不具有约束力的恩情，反而会在你的提醒下成为对方沉重的包袱。对方心里会想：知恩图报是我的事，但你不应该站在道德的制高点上指责我。

> 免费帮我主持一次吧，我前天还陪你聊了一晚上呢，也能抵消你的主持费用了。
>
> 别计较了，我上次还帮了你呢！这次你肯定得帮我啊。

以上说法都是错的，这是一个人情商极低的表现。你以为这会是他人无法拒绝的理由，实则只会引起对方强烈的反感。尽管你曾经真的为对方付出过，也会在这一刻被人抛到脑后，你觉得这样划算吗？请记住，每个人的心里都有一杆秤，秤盘上放着不同事件的不同砝码，你也许给过他一些小恩小惠，但请不要随意置换。人们常说"一码归一码"，指不论什么情况都要掌握好边界感，这是对自我的约束，而不是对他人的绑架。当然，有的人迫于面子会匆匆应下，而你们的交情也基本到此结束。

那么，提请求时最该做的是什么呢？很简单，指出对他的有利之处，为其描绘蓝图。前文中说过，事物的发展都具备驱动系统，想要一个人心甘情愿地答应你的请求，就要让他知道他会得到什么好处。你要学会让利，并且预先告知对方。

这个活动虽然没有报酬，不过去了解一下也挺好的。活动会有很多行业领军人物出席，交流一下说不定会给你带来一些机会。

每句话都在为他人着想，这才是提要求的正确姿态。当然，你也要弄清楚对方真正的需求是什么，他是否会为你提出的条件买单？这件事对他的吸引力是否够大？这需要你因人而异进行拆解，对于重利的人，不要大肆鼓吹仁爱的作用；面对重情的人，不要一直拿利益作为诱饵。能不能正确了解他人的需求，是不被拒绝的关键。

4. 提出正确且明确的要求

这一条就是如此朴实无华，如字面意思一样简单，很多人却无法做到。你首先需要审视提出的要求是否合理。比如，要求一个身无分文的人送你价值连城的珠宝，或是花很少的钱却要求装修完的房间能媲美皇宫，这都是不合理且不切实际的请求，不仅被拒绝的可能性高，还会给自己徒增烦恼。

另外，很多人看似是在提要求，实际只是在表达情绪，这会令人无法精准接收指令，从而反复做不好甚至不知道如何去做。

你们这个活动的时间太长了，而且挺复杂的，有些麻烦，免费也不能这么使唤我啊。

→这个活动的时间太长了，我当天还有别的事，本来就想着帮你一个忙，最后那个环节我可能参加不了，你再想想办法吧。

如果不想被拒绝，或者不想让自己的话语没有分量，那么请把你的要求落到实处，让对方明确了解自己该做什么。很多人在求助时往往抹不开面子，不断用含糊其词的语言输出情绪，执着于让对方来猜测自己的意图。其实，扭捏和婉转并不相同，请将你的核心需求明确地表达出来。不要认为这很无情，只要是在合理的情况下，这反而是最有效的方法。

5. 不要过度解释

提请求时，人们总是急于给出一种"我本来不想给你添麻烦"的感觉，这个做法看似很有礼貌，实际恰恰印证了你给别人添麻烦了，使得别人想要加速逃离。

6.态度要诚恳，姿态要优雅

提要求并不是下命令，态度很重要。如果你总是一副高高在上的姿态，再亲密的合作伙伴也会对你敬而远之。本就是希望对方对你做一些事情，切不可丢了礼貌和谦卑。比如，你可以把"能不能"换成"行吗""好吗""可以吗"。

你能不能把碗洗了？

→可以把碗洗了吗？帮我洗碗好吗？

你能不能陪陪我？

→多陪陪我好吗？

"能不能"时常出现在我们的请求里，实际上这个短语并不友好，听起来像是在责备对方。别人要不要答应你的请求，往往不取决于他的能力大小，而是取决于他是否愿意，所以不要让你的请求充满火药味，多以商量的口吻，给予对方尽可能多的尊重。

当然，我也不提倡你卑躬屈膝去乞求，不过是一个请求，成败都无法说明什么，不要因此失了气势。

提要求是一门学问，关乎着你是否拥有一颗强心脏，坚信自己配得上且敢于承担后果；也关乎着你是否具备体察人性的能力，能在你来我往中探寻到不被拒绝的方式。

不敢回怼就当一辈子的老好人吧

被别人无端刁难时，你会怎么回应？

人的修养各不相同，我们不可避免地会遭遇很多恶意，这些恶意不足以上升到冲突，但会让人很不舒服。比如，那些当众打听你的隐私或不分场合阴阳怪气的人，这种情况往往很令人为难，生气会显得你小气，好像开不起玩笑；不生气又显得你软弱，唯唯诺诺只能被别人当成笑柄。想好了怎么回击但话到嘴边又咽了回去，在应激情绪下脑子里一片空白，最后只剩一腔委屈。

你的善良要带点锋芒。不要因为语言的匮乏和卑怯的内心而失去气场，人生的交锋不止一个回合，要敢为自己争取，做一个不那么"好惹"的人，对方才会在进攻时对你有所忌惮。

1. 把握黄金三秒

真正的高手是敢于空场的，把握好冲突发生后的前三秒，可以让你化被动为主动。三秒其实很漫长，在电视节目播出过程中，如果出现长达三秒的空白，如没有人声、没有音乐、没有画面，那就是极大的播出事故，相关人员要被追重责。现实中的三秒往往也没有那么短暂，不信你现在对着秒表跟我一起数："一……二……三……"

你会发现这三秒的空白在冲突发生之后会显得格外漫长。因为冲突本是急躁的，具有瞬时爆发性，所有人都在病态地期待冲突之后会发生什么，甚至每个人都蠢蠢欲动地想要填满那段时间来缓和应激的氛围。没有人想陷入尴尬，受害者不想，旁观者也不想，施害者更不想。所以，只要你能熬过这黄金三秒，保持沉默，我保证会有人在这期间替你解围。除此之外，施害者还会露出更多马脚来掩盖他不被理睬的尴尬，不是越说越狠，就是服软道歉。你只需静静等待。

当然，如果你心理素质过硬，请记住眼神不要飘忽不定，凌厉的眼神能抵过千言万语。

2. 装傻充愣

这需要你拥有良好的心理素质和过硬的演技，对于别人要拿你开玩笑而表露出的种种迹象，都不接茬、不回应，揣着明白装糊涂，最让人无法招架了。

大多数情况下，对方看到你不接茬，会审时度势地转移话题，可以体会到你在给他留面子。如果你实在想说点什么，可以在停顿几秒之后，茫然地眨着眼睛问："啊？刚才说什么了？"再开启其他话题就好。其他人自然能懂你的意思。

3. 先接纳，再出击

怎样做才不会感觉到疼？就是让对方的拳头打在棉花上，待其降低了防备再出重拳，这样往往会让对方既懊恼自己的零杀伤力，又纠结为何被你抓住了把柄。把对方对你的质疑全部接下，告诉他这没什么，尽管我拥有这些缺点，依然是你可望而不可即的。

你小小年纪怎么那么多白头发啊，天天发愁吗？

哈哈，我小时候就有了，是不是挺酷的。我有白头发还这么美，你愁不愁？

有时候别人之所以可以阴阳怪气到你，是因为戳中了你心里的痛。若那部分伤害不到你，你就不会有被冒犯的感觉了。这需要你学会接纳自己，也要发自内心地认可自己。接下这一切，然后顺势回击，用轻蔑的语气告诉他："你对我的质疑构不成万分之一的我，反而是一览无余的你自己。"

4. 更胜他一筹

上一条讲到了回击，接下来我们就来讨论一下回击的艺术。你的反应如果只是和他的攻击程度相同，那充其量只会被认为是正当防御；但若想让对方从此对你有所忌惮，还是要让他有被"击打"的感觉。

小张你有什么关系啊？这么快就转正了。

有啥关系啊，我就是一个普通老百姓。还得跟你学习呢，我听别人说，你和老板是老相好，啥情况呀？

以上只是举例，具体措辞请根据不同场合及在场人员自行调整。如果你具备冒险精神，可以大胆去做。不要认为这会得罪人，要是不能在关键问题上震慑住对方，那以对方的破坏力，伤害你是迟早的事。

5. 学会荣辱与共

这是非常高明的做法，不断将对方与自己拉到同一战线，一荣俱荣，一损俱损。你的言外之意是，我们是同一条船上的人，尊重我就是尊重你自己。若是非要把我贬进谷底，那你也脱不了干系。

> 你的情商真是堪忧啊。
>
> 可不吗，天天跟你在一个办公室里，难免会这样啊。

"人们说出怎样的话，就代表他是怎样的人。"这句话不无道理。如果他的内心充满阳光，善于鼓励他人，哪怕知道你情商低也会委婉提醒，而不是冷嘲热讽去刺激你。因此面对内心阴暗的人，你一味地讲道理没有用，对方不会因为你合理的解释就轻易改观，所以不要纠结他说了什么，而是要站到更高的维度，跳出这场博弈，淡淡地告诉他："都是跟你学的。"

6. 停止自证

人们在面对刁难时，总是会不自觉地陷入自证的圈套，急于向他人解释自己的清白，生怕对方真的误解。上一条我提到过，刁难你的人，出发点一开始就不是好的。他从未真的想要了解你的隐私，也不是真的在提出建议，仅仅只是单纯地以刺激你为目的，为生活找一些可有可无的乐趣而已。所以，不解释才是最好的解释。

你没有上过名校，这学历不行。

对啊，我虽然没上过名牌大学，但是我很早就创业了，现在有一家自己的公司，而且一年赚不少钱呢！读不读名牌大学对我来说不重要。

请你打住，你为什么总是想要解释自己？就算没读过名校又如何？他也许真的误解了你，但那又能怎样呢？他的误解并不会让你薪资降低，也不会让你失去对生活的热情，你何必看得太重？一旦你陷入自证的闭环，就正中他人下怀，他会像看话剧一样津津有味地听着你的解释，然后看着你着急的样子暗自发笑。你不该对这种人认真。

7. 捧杀

生活中不乏那些想要高人一等、何时何地都暗暗与他人比较的人。面对这种人，反压容易树敌，而捧杀则更安全。用赞美的语言把高位留给对方，并让其在蜜罐中听从你的节奏。

你会不会办事啊？这么没效率。

我哪像你那么聪明啊，这件事就得你来做才高效，正好领导让我物色一个帮手，我一会儿跟他说让你来办。

既然对方喜欢当强者，那就来做强者好了。

8. 淡定回应

这也是我常用的一个办法，它没有什么技巧可言。这个世界有太多值得花费精力的事情，纠缠没有意义，随心回应就好。

"你开心就好。"

"嗯嗯，你说得都对。"

任由他煽风点火，你自岿然不动。气定神闲地看着他，然后挤出几个无关痛痒的字，这已经是极大的耐心了。被击溃的人往往不是因为事情有多大，而是因为那些微不足道的小情绪。虽然退一步可以海阔天空，但进击会让你的心情加倍愉悦。

生而为人，感受最重要。

第六章

最高级的情商是体恤他人

成为解语花的秘密

你是别人一伤心就立刻想起的朋友吗？如果是，那就说明你拥有强大的共情能力，能为对方带去体谅和安慰，让他在每一个脆弱时刻都情愿向你递出信任。张爱玲说："因为懂得，所以慈悲。"我们是否有能力真切地看到对方的喜悲？这在现实中很难，我们或许无法共情他人的痛苦，在对方寻求安慰时也总是无法宽慰他，在不知不觉中把对方越推越远。为什么别人可以通过几句话就轻松俘获人心，而你却时常词不达意，甚至不知所谓？也许是因为你从来只把自己当作看客。想要成为句句说到对方心坎上的解语花，需要你走进角色里，成为这个故事的一部分。

我主持第一档节目的时候，遇到一个70岁左右的老爷爷。在节目间隙，他突然讲起了自己的患癌经历。对方的神情太云淡风轻了，像是在讲别人的故事，我听得太惊讶，一时间竟然不知道该说些什么，只能愣愣地坐在那里。后来，节目经过剪辑化解了我的尴尬，加上音乐的渲染，那一幕看起来很感人。但我却时常想，那一刻如果我能给他一些回应就好了。我很多次反思，是什么导致了那一刻的语塞？由于对癌症本身没有概念，对患癌的共情也并不深刻，我甚至无法组织语言继续对话，想说点什么又担心不妥，最后只好沉默。后来我慢慢变得成熟，再面对这种时刻都会尽力去"懂得"对方，一定会给出善意的宽慰。

安慰一个人，本质上还是要产生同理心。同理心与同情心不同，前者可以激发双方的连接，后者却会让对方产生排斥。比如，"你当时一定很无助""我理解你有多紧张"以及"太可怜了""这真是千年一遇"，二者之间的差别不言而喻。学会感受他人的感受，体会他人的情感，表达他人的心之所想，这就是解语花的秘诀。然而很多人都用错了方法，常见的几个雷区如下，请你一定要避开。

第一，把话题转移到自己身上。我们有时会拿自己举例，然后长篇大论地讲述自己的事，初衷也许是想拿亲身经历做一下比对，但从某种程度上来说是对他人的忽视。他人的经历与你也许并不相同，切勿自作主张开启说教。更有甚者还会在讲述自己经历的过程中渐渐得意起来，这并不合适。

> 我觉得你这跟我上次差不多啊，我也是被领导骂了，然后领导……
>
> 你的内心还是不够强大，我当时遇到这种情况就觉得他必须道歉，我的内心才强大。

安慰别人的时候请牢牢记住一点，你不是主角，对方才是。我们要把自己缩得很小。此时情绪低落的不是你，请不要拿你的"健康状态"来刺激对方，这会让本就烦心的他思绪更加动荡。同时，收起你的优越感，此刻即使不能给出宽慰，也不要在对方的伤口上撒盐。

第二，不以为然。在安慰他人的时候，时常出现不以为然的态度，本质上还是因为你不能对对方的处境产生同理心，惊讶于这件你眼里的芝麻小事怎么会成为他人的心头之痛，因此你说出口的话往往也不够体恤，甚至有些贬低的意思，久而久之只会让人增加心防。

哎呀，手机坏了再买一个就是了，没什么大不了的。

别难过了，这有什么好哭的，分个手而已，过两天就好了。

虽然这种不以为然在某种程度上是想将问题淡化，以安慰对方，逻辑上没错，但如此措辞很容易让双方对立。人的认知可分高低，但感受没有，悲欢喜乐并无高低可言，摆出一副高高在上的姿态并不友好，看似在开导，实则很像在"站着说话不腰疼"。

第三，一上来就正能量。这种方法听上去也没有任何问题，但仔细一品着实没有滋味。化身朋友的"小太阳"，并不是要你一上来就播撒正能量，这样只会感动自己。深处情绪旋涡里的人，并不会认为这些"口号式"的打气有意义，反而会误以为你在敷衍。

会好起来的，加油！

明天太阳依旧升起，愿望都会实现的。

以上句式的痕迹感太重，像是为了表演体恤而不得不说出口的公式。鼓励一个人并非只有加油打气，以上措辞还是少用为妙。你的安慰要像风一样柔和，否则还不如沉默。

第四，讽刺挖苦。事情发生之后刻意强调自己早有预料来彰显优越感，通过嘲讽、抱怨的方式打击对方，让其产生内疚感，这是安慰中的大忌，是非对错谁都知晓，大可不必刻意强调。

我早就说了吧，你不听。

你要是听我的也不至于这样！

真正的善良是兜住对方的不堪，而不是揪住对方的痛点火上浇油。关系的发展不止在一时，当对方走出旋涡，情绪恢复稳定后，他会如何回想彼时的不堪，如何回想你？不挖苦别人是留给自己的退路。

有心理研究表明：安慰并不等同于治疗。治疗是使人改变，借改变来断绝苦恼；而安慰是肯定其苦恼，不试图做出断绝其苦恼的尝试。我们要允许对方有心情不好的时候，而不是要求他们立刻停止这种负面情绪。如果能做到不过多干预、不妄加评判，那才是安慰的至高境界。我们可以通过以下几种方法来切入。

第一，共情。《共情的力量：情商高的人，如何抚慰受伤的灵魂》中有一句话："情感上的被理解绝对更能给人安慰，比任何语言都有用。"当他人的苦痛和烦忧被看见、被理解时，这种消极情绪就会被分解一大半。你可以试着用询问、引导、共情的方式让对方敞开心扉。

昨天发生了什么？

为什么会变成这样？领导说了什么？

了解事情的来龙去脉可体现你的真诚，也会让对方在讲述的过程中缓解焦虑。很多女孩都抱怨为何自己走不进男友的心里，那是因为每当对方面露疲态的时候，你都自作聪明地随意抛出一句"不要太辛苦了，我会一直陪着你的"，却不知道对方到底是因为哪件小事乱了心。这些细节也许当事人或许无法精准描述，但你不闻不问又谈何了解，不了解又怎能抚慰人心？

你当时是什么感受，你为什么哭了？

他那样说你，你是不是很委屈？

引导对方说出感受是共情的核心关键。人们有时并不了解自己，知道此刻很生气，却并不知道细微缘由。让对方慢慢倾吐感受，可以更加明白他的症结所在。把心结解开后，他也会

舒坦很多。另外，了解对方此时的想法，你也可以推断出他的
需求是什么。

> 你看我的理解是对的吗？
>
> 也就是说，你其实很在意这份工作，我可以这么认
> 为吗？

不管你对自己的理解是否自信，都要尽量谦虚地加上一句：
"我可以这么认为吗？"这代表了你保有良好的分寸，不越界，
知道尊重，懂得体谅。如果不巧你的理解有偏差，对方也不会
认为你不用心。

第二，必要时可以采用善意的谎言。人们面对执迷不悟者
总是喜欢说真话，因为真话可以敲醒沉睡的人，由于你看不惯
对方执迷的样子，想用刺耳的真话来让其认清现实。有时，帮
助他更快地走出来，比帮助他了解真相更重要。

第三，放大优点。当一个人情绪低落时很容易自我否定，
这与他自身的条件没有关系。这时候放大他的优点，可以使其
重建自信，伤心难过有时只是一念之差，用你发现美的眼睛，
告诉他未来会更好。比如，朋友失恋时可以这样说：

> 你那么会赚钱，失去你是他的损失。
>
> 你那么善解人意，从来不无理取闹，而且很漂亮，没
> 有人比你更完美，一定会有人珍惜你的。

不论是否是出于安慰，我都非常欣赏能给予他人赞美的人。赞美是一种非常强大的能量，可以让一个人在短时间内快速恢复元气，是低成本高收益的慰藉。

第四，付诸行动。高尔基说过："在生活中，没有任何东西比人的行动更重要、更珍奇了。"对他人最有用且宝贵的安慰，就是我们切实的行动。如果你实在不知道该说些什么，那就默默地为对方做些什么。尽力给对方提供可用资源，通过第三方，如专家、律师、顾问等寻求帮助；帮助对方安排一次放松的按摩；订一张机票让对方踏上一场新奇的旅程……

别难受了，走，我带你去吃一顿好的。

我认识一个律师，你别着急，我打个电话问问他。

生活的起起落落让我们时常安慰别人，也时常被人安慰，谁都会经历艰难时光，谁也都拥有过高光时刻，不要对生活太大意，也不要太得意。给出温暖的时候多一些耐心、多一些友善，收获光芒的时候就会多一点舒心、多一点力量。我总是很感恩那些向我寻求安慰的朋友，谢谢你们相信我。虽然有时候我不知道该说什么来安慰，但很高兴你们愿意告诉我。事情总会有好转的，这件事被我们一次次地验证过。

山水一程，三生有幸，一起度过艰难岁月。

"谢谢"应该这样说

如果你想感激一个人，你会说什么？

大部分人只会说"谢谢"吧，尽管感谢时常发生，但人们对于感谢的表达方式总是有些匮乏。我们从小被教育要懂得感恩，但我们并没有学会某种如鱼得水的技巧来表达这种情感，哪怕只是在内心默默感谢都有些为难。

人们总是看起来很有礼节、有感情，有人帮忙按电梯会向对方道谢，有人帮忙取快递、拍照片、倒水也会向对方道谢，但很多瞬间我们的感谢并没有经过大脑思考，更像是例行公事，只要"谢谢"说出口，你我之间就两清了。我在工作中就经常遇到这种情况，嘉宾遗落了贵重物品在演播室，我看到后都会将物品小心保存。直到对方回来找，我才会松一口气。但当听到对方只有一句"谢谢"就匆匆离开的时候，我还是感觉心里空落落的。尽管从没考虑要过要对方回报自己，却依然觉得这种草草了事的道谢很敷衍。

如此看来，我们或许并不需要感谢本身，需要的是对方的真诚。

《麦肯锡方法：用简单的方法做复杂的事》一书中有几段话，诠释了表达感谢的必要性。

当我还在孩提时代，母亲就教导我每次收到一份礼物之后，都要写一封感谢信。我的家族成员很多，所以每次节日和生日之后，都要花几周的时间给叔叔、婶婶和远方表兄妹们写感谢信，感谢他们送我礼物，不论我喜欢不喜欢。母亲会在我身后，监督我写完（并阅读检查我的语法）。

……

母亲告诉我不要写千篇一律的感谢信。"亲爱的××，感谢您的××，我会永远珍惜您的礼物。"这种模式我小时候就不喜欢，现在仍然无法接受。并不是说你写的每一封感谢信都必须是完美无瑕、构思巧妙的散文，至少要保证它读起来不像是一封电脑生成的信函。

……

有时候，一封感谢信会给你带来意想不到的回报。

其实道谢的本质不只是表达感激，而是让被感谢的人最大限度地感到值得。那么，当别人帮了你，你应该如何正确表达感谢，才能让对方感受到你的真诚呢？

第一，把"谢谢"换成"谢谢你"。仅仅多了一个人称代词，就像倦鸟归巢、孩童归家，这份感谢全都指向了那一个人，这是一种极为细致的教养。个中差别听起来虽然不大，但意义深远。说者有心，听者有意，若此时你能直视对方的眼睛，目光不躲闪，且将"你"字的音稍稍拉长，想必对方会直接从你的瞳孔中感受到你的这份情谊。

谢谢！我到家了。

→谢谢你，我到家了。

每当他人送我回家时，我都会和他说"谢谢你"。这句感谢不仅是因为他送我回家并为我打开车门，还是在一种适宜的氛围下，对今天发生的所有事情表示感谢。

第二，学会通过对方的行动来表达感受。什么是感受？就是你的所思所想、你的情绪、你的每一条神经变化。形容感受的好处是让对方获取你的真诚，用一个简单的公式就是：表达感谢 + 描述事件 + 表达感受。

谢谢你小王，这段时间我请病假时多亏了你帮忙，我很感动！

谢谢领导的帮助，您那么忙还能抽出时间参与这个项目，我很幸运！

比起"谢谢领导"，以上几句话听起来立体了很多，但往往很多人都羞于表达且疏于总结自己的想法。简单的一句话既表达了你的感谢，又有理有据，还形容了你的感受，听者一定会为自身提供的价值而骄傲，这种感受对其来说比帮助本身还具备能量。

第三，放大被帮助的效果或放大事情的危害性。这么做可以让人直观感受到自己的付出，也能直观体会到你的感激。这种方法比较常见，即通过夸张的措辞，加深对对方的认可，再予以感谢。公式参考：描述事件＋放大效果或放大危害＋表达感谢。

> "昨天你在会议结束之后，帮我把文件全部收拾好了，我今天梳理文件节省了一半的时间，要不然都不能及时交稿，真的太感谢你了！"

> "如果不是您及时帮忙，我们肯定会失去这个项目，公司还会损失一大笔钱，我只能等着被开除。真的多亏了您，真的太感谢您了！"

这样的表达方式，一是可以充分表达你的感受，二是可以满足他人的英雄情结。当对方知道自己的付出达到了超过预期的结果，且挽救了许多"不可能"时，那他的成就感就会大幅提升。

第四，学会赞美他人。最高级的感谢就是让对方觉得自己是一个很美好的人，这种美好通过帮助你被你看见了。你可以从细微处、从琐事中总结并提取他的优点，并且结合实际事件，尽情地表达出来，切不可生搬硬套。

> 你真的是一个很热心的人，我本来还担心会占用你太多时间，没想到你那么仗义，谢谢你。难怪大家都说你人品好，这次我真的感受到了，我很高兴认识你这样的朋友，

未来一定多向你看齐！

第五，借助他人之口。旨在让对方明白，你的好不止我看见了，大家也看见了，这是更高阶的"自尊按摩"。这个第三方可以是权威之士，也可以是你最亲近的人，有了第三方的加持，对方也会更加珍惜你的感谢，不会将其当作客套草草应对。

王总一直让我们向您看齐，这次跟您合作，发现您果然厉害！感谢您为我们出谋划策！

每个人都想得到权威人士的认可，如果你本身还无法做到令人信服，找第三方赋能就是很好的办法。前文讲到，感谢的本质是让被感谢的人最大限度地感受到值得，我做这件事是否值得，值得到什么程度，很大程度上取决于你的"谢谢"怎么说。

以上五种方法均适用于你得到帮助后向对方表达感谢，你可以根据轻重缓急任意组合，只是不可过多表达，烦琐即不诚。

生活中如何感谢他人的赞美也是一门学问。这并不是一件简单的事，在社交场合中，面对别人的夸赞，你是不是经常否认？或者只是说一句"谢谢"就词穷了。你总是无法坦率地面对夸奖，哪怕你平时是一个非常自信的人，都会在这种场合败下阵来。究其原因，是你的敏感和自卑在作祟，你并不相信对方的夸奖是善意的，只得通过自我贬低来回应对方的赞美，又卑又亢。

这种情况下，应该怎么做呢？

第一，你要学会大方接受，若要缓冲突兀感可以向对方解释一下原因。

"谢谢你，最近确实瘦了，我健身一个月了，每天下班后都会去健身。"

"谢谢你夸我美，可能是因为最近天天晚上 10 点就睡觉了，皮肤还不错。"

第二，表达感谢，再趁机反夸回去。其实每个善于夸你的人，除了展现友好之外，内心也期待你能在某个不经意的时刻夸一下他。

谢谢你，你今天也很美，这个蓝色的衣服很适合你。

谢谢你，你不但人长得漂亮，说话还这么好听。

第三，要学会在说"对不起"后说"谢谢"。比如，迟到时说完不好意思，再加一句"谢谢你等我"；被批评时除了道歉，可以再加上"谢谢你跟我说这些"，用感激之情来化解冲突感。这样做不仅可以压下火苗，还能让你放平心态，不过多自责，也就不会过多迎合对方。

"谢谢"是这个世界上为数不多的既浪漫又美好的词，有了这个词，我们才与他人有了连接。很多时候，人们很难做到互不相欠，所以"谢谢"显得格外珍贵。把你的感谢告诉那个人吧，不要再吝啬你的语言，用最真诚的心谢谢这一切。

线上沟通：无接触的礼节

人类的沟通方式正在随着科技的发展不断更新迭代。从前车马很慢，书信很远，沟通的时空成本巨大；后来有了电话和交通工具，实时表达不再是难事；再后来通过互联网技术，可以即时发送文字、语音、视频，人们进行信息交流越来越趋于无接触化。每个人都不可避免地参与其中，不管是日常电话会议，还是家长群布置任务、情侣视频聊天，人际交往不再依赖见面，哪怕是从没见过的两个人，都可以通过线上交流达成一致。因此，学会"不见其人，只闻其声，就懂其意"是新时代背景下人人都该掌握的黄金技能。

美国加州大学社会心理学家阿尔伯特·梅拉宾（Albert Mehrabian）博士提出了著名的人际沟通梅拉宾法则，指出视觉信息、听觉信息、语言信息是组成对话的重要因素。

● 视觉信息：主要指站姿、坐姿、手势、眼神以及面部表情等。

● 听觉信息：主要指语速、语调、语气以及声线变化等。

● 语言信息：主要指遣词用句、逻辑等。

在无接触的情况下，你的肢体语言很难派上用场了，那么声音和语言就是我们该着重研究的对象。想象一下，当无法看到对方的面部表情时，语调及语气是否成了我们猜测对方状态的重要途径？比如，清晨慵懒的气泡音和雷厉脆落的指责声，传递的意义大相径庭；很多误会都能在见面时消除，但在线上交流时，两人的表情、动作等根本无法同传互达，导致误会只能越描越黑。因为文字是冰冷的，说同一句话，见不到你眼角的笑意或怜悯，人们更容易产生误解。因此，时刻将你的声线调整到积极、活跃的状态，多多使用"呀""呢"等助词表示友好，把"这事你负责"换成"这事你负责呀"，可以规避很多不必要的冲突。另外，急事缓说，大事慢说，坏事轻说，好事笑说，在看不见、摸不着的情况下，请让声音成为你的第二张脸。

同时，我们也要学会运用语言的艺术来消除因无法面对面交流而产生的理解偏差。你的表述应该是一串有主线的链条，而不是一堆散乱的珍珠，因此你要形成表达的逻辑。如果你的思绪不清晰，可以列下来分条厘清框架，切不可想到哪里说到哪里。

今天开会说了以下几件事：第一，午休取消了，午餐时间可能改成开例会；第二，增加下午茶，以后小王负责提报下午茶清单；第三，明天截止报销，没交申请的抓紧。

分条厘清思路，显得你更有章法。现在大家都要处理相当多的信息，若是发送大段的文字或语音会让对方压力倍增。所以你要学会精简文字，惜字如金。删减重复的称谓、语气词，避免表述过于冗余。在信息无误的前提下，字数越少越好。

排版建议再修改一次，现在视觉上看比较杂乱，合同还是要谨慎。

如此一来，你给人的印象会更偏向理智、可靠。由于看不到你的脸，对方无法轻易打断你的话，只能耐心听下去，而你过于烦琐的解释非但不能让人捕捉到重点，还会暴露出你没有逻辑、情绪波动大等缺点，沟通体验感会变差。一个擅于表达的高手，会在无接触沟通中有意识地直观输出，不让任何"边角料"稀释最重要的内容。

除了声音、语言两大心法，线上交流还应注意很多礼节，这些礼节虽细小但不可忽视，在以"无接触沟通"为大趋势的今天，其威力甚至媲美春节的拜年礼节。人与人的沟通成本虽大大降低，一次说不清的事可以分两次来说，一行说不明白的话可以多打几行，但越是普遍发生的事情，越容易消磨对方的好感。

第一，慎用"在吗"。

很多人误认为说"在吗"是对对方的一种尊重，实际上却给对方制造了焦虑。他人无法判断这个问候语后面会是什么，如果是好事那自然皆大欢喜，但如果是让人为难的求助或试探，自己到底要不要接这个茬呢？成年人的修养体现在设身处地为他人着想，你可以换一个公式：问候 + 问题和诉求。

在吗？下周我结婚，你有时间来参加我的婚礼吗？

在吗？听说要换组了，我想跟你商量一下，我能不能不换？

有了后面的直接诉求，才不算是一种打扰，对方收到信息后可以直接清楚地给出反馈，不管是答应还是拒绝，对对方来说是一瞬间就可以做决定的事。本来就是你有需求在先，如果还要对方陪你反复拉扯几个回合，你才肯开口提出需求，那着实有些叨扰了。

第二，关于语音的那些事。

不要轻易拨打语音电话。那些有了联系方式后，就随意拨打语音通话给他人的人，是很没有边界感的。如果对方认为你们之间可以通话，那么他会给你手机号码，若他只给了你社交账号，那么请你和他保持社交距离，不要随意给对方拨打语音电话。因为社交软件还包括了对方的生活娱乐部分，肆意打扰对方是很不礼貌的。如果要打，你可以先询问：

您现在方便语音通话吗？有些事用文字讲不清楚，十分钟后可否？

人永远要有一种意识，那就是自己没那么重要。不要认为对你来说很紧急的事，别人也应该随时待命。你若想占用别人的时间请务必先询问，把选择权交给对方，你才会获得相应的尊重。

多使用文字，切忌发大段语音。发语音看似可以即时传递想法，但在线上沟通中反而并不受人欢迎。同样的信息量，文字可以用几秒看完，但语音则需要几十秒，多条语音更是需要逐一倾听，若是表述者的语音没有重点，那不仅浪费时间还会引发听者的烦躁心理；若是听者听完忘记，还需要回听才能确认信息，一来一回很是耽误时间。因此，除了情侣或夫妻等传达爱意之外，在其他更专业的场合，如谈判、工作时都尽可能地使用文字。

学会跟随他人的节奏。对方发文字，你也要回文字。这是人际交往中很微妙的细节，尤其是线上沟通。当对方以文字开头，你就应该合时宜地回复文字；若是你回了语音，而对方依然选择用长长的文字回复，那么请你学会配合，不管对方是不方便听语音，还是不方便回语音。

你现在方便听语音吗？我打字比较慢，给你发语音说吧。

我发语音说吧，你可以转文字听，事情比较复杂，辛苦啦。

有时候人们并不是那么怕麻烦，知道事情急，也知道事情处理起来棘手，对于你发出的大段语音都能够理解。人们更怕的是，对方打扰到自己却不自知，对浪费了自己的时间这件事丝毫没有愧疚和感谢之情，这种行为才是让人排斥的核心原因。

第三，利用红包等功能助攻。

线上沟通的优势之一，就是可以利用除文字、语音之外的其他功能，如红包、图片、表情等。想要在线上发起一个完整的请求，可以通过以下公式进行操作：说明来意＋红包＋事后反馈。

> 张律师，我有一个问题想要咨询，家里的汽车……
> 这是我的一点小心意，占用您时间了，还望您抽空指点一下。
> 张律师，问题已经解决了，您给的建议太好用了！

生活中一些似重若轻的请求还达不到约见的程度，而线上沟通又怕被他人轻待，因此可以用以上公式来完成你的线上交流。首先说明来意可以帮助对方判断事情的严重程度及自我付出的比例。然后通过红包等辅助手段能令其感受到被尊重。最后通过反馈让他产生帮助别人的成就感，也好为下次联系做好铺垫。

第四，不要只发表情或标点符号。

如果只发表情，那么难免让人感觉你很无聊。比如，很多人想要提醒他人回复，经常给他人发去三个问号，这是很没有礼貌的行为。标点符号是一个极其敏感的表达方式，有人认为一连串的问号表示的是激动，有人却觉得表示的是愤怒，还有人认为表示的是疑问或莫名其妙。因此，不要小看标点符号，如果你不想引起歧义，还是要有话直说。

老师，麻烦您啦，忙完记得看哦。

有话直说就是直接表达你期待对方的回复，并非质问对方。你善意提醒对方的时候，千万不能摆出高姿态。

我给你发的信息你没看到吗？为什么不回信息？

总之，无接触沟通最怕误解，明明你是想提醒，却容易被他人解读成命令。

第五，学会有回应。

别人跟你提出的请求、布置的任务，无论完成与否，都要回应一下，哪怕只有"收到"二字。及时回复消息，可以让对方发出的信息不会石沉大海，更重要的是表达对对方的尊重。人与人的相处讲究技巧，不管是电话沟通还是网络沟通，只要产生了信息交互，待人接物即刻发生。

说话是一门艺术

我的工作时常被认为是一件很简单的事——只要开口说

话就行，甚至有时候只需念提前写好的稿子就好，都不用现场动脑筋思考。我原先也是这么认为的，觉得说话是人类的生存本能，对健康的人来说，不可能不会说话。但自从说话成为我的工作，我才发现其中有着如此深奥的学问。朱自清讲过，有些人说了一辈子的话，也不懂得怎么说话，所谓"辩士的舌锋""三寸不烂之舌"，都是物以稀为贵的证据。

说话是一门极具造诣的艺术，同样一句话，不同的人能够表述出不同的意思。说话就像水一样，亦能载舟也能覆舟，说话可以助你达成更高的成就，也可以一下子就将你送回原点。

首先，不好听的话要好好说。曾国藩说过："劝人不可指其过，须先美其长；人喜则语言易入，怒则语言难入。"在我们对别人提出批评或建议的时候，往往容易占据心理高位，认为自己洞察力强，因此时常直截了当、不留情面，我们一方面劝人心切，另一方面也在自我展示。

　　你就不应该这样做，显得格局太小了。

　　→你这个年纪做这种决定也真是为难你了，不过，那样做会更好……

　　你为什么会犯这种低级错误？不长脑子吗？机会全没了！

　　→其实你一直以来都挺细心的，因为这个错误确实有点可惜，有时候机会来之不易啊。

使用第二种说法，你既指出了他的错误，又维护了他的自尊，这是非常巧妙的说话技巧。如果将那些不好听的话直接"喷"到对方脸上，是很难起到理想作用的。这件事本来是他的不对，若你不注意措辞，反而凸显了你的过错。

其次，着急的话慢慢说。回想一下，如果你遇到很紧急的事，给别人打电话的时候是不是语速特别快？比如，特别迫切想让对方知道事情的严重性，生怕用词太轻达不到你要的效果；要不然就是措辞夸张、神情激动，显得慌慌张张……

情绪使然无可厚非，但聪明的人却可以通过降低语速、压低声调来平稳心态，不急躁也能让对方更清楚事态的紧急性，为后续解决问题打下了良好的基础。

> 你赶快放下手里所有事，老师通知学校提前放学了，没人去接孩子，我在开会根本走不开！气死我了，老师竟然不提前说！孩子现在在老师的办公室等着，你抓紧时间去接他，快点啊！
>
> →简单说啊，老师通知学校提前放学了，我这边走不开，你看看能不能安排谁去接一下孩子，别耽误太久，孩子在老师办公室等着了。

莎士比亚说："你的舌头就像一匹快马，它奔得太快，会把力气都用完了。"事情一急，人就容易抒发无用的情绪，这会非常耽误你谈正事的时间，如果再加上磕绊、卡顿，你会浪费更多时间。

贵人语迟，你要学会慢一点说话。说话之前思考半秒，开口慢半拍，如果心直口快、不假思索，往往会直接暴露你的鲁莽。着急的时候你也要缓一缓，遇事不慌，先思考事情的应对方法，等一切都结束了再抒发情绪也不晚。

第三，大事要清楚地说。大事往往具有关联性，三言两语讲不清，因此很多人都不挑重点地全部倾诉，让听的人千头万绪。所以，面对大事，请你务必厘清头绪，尽量做到说得清楚。

> 这件事很复杂，首先……其次……因为……所以……
> 如果这件事不这样办，那我们都得辞职！

这不是一个简单的方法，需要你具备超强的总结归纳能力以及缜密的逻辑框架，请你记住两个要点：重要性和复杂性。重要性可以用夸张后果、预设结果的方法描述，而复杂性则可以逐条一一描述。

第四，不相干的事谨慎地说。那些与我们不相干的事，一定要把握好讨论的分寸。关心得太多，显得你没有边界感，若是再四处散播，更显得你不知礼数；关心得太少，又显得你失了情分，尽显凉薄。所以，他人的事一定要谨慎地说，这里说的"谨慎"是一种体恤、一种尊重、一种涵养。

> 我们办公室的那个小刘？对，他快结婚了……他的家

庭情况我还真不了解……

我听说了，怎么传的都有，不过我没具体了解过，还是不评判了。

天下没有不透风的墙，今天的你言我语会被他人煽风点火至什么程度，我们无法想象。有时人们喜欢借助窥探他人的闲事来拉近彼此的距离，可怜的是下次你也可能会成为故事的主角。所以，请再谨慎一些。

最后，没做的事做了再说。人们都喜欢吹嘘，尤其是那些还没做的事或未来的计划，仅凭一张嘴几句话抛出去，会有极大的成就感，因为可以提前预热胜利的情境。不知你发现没有，那些没做成的、没落地的、没完全敲定的事，只要走漏了风声，就有很大可能会以失败告终。

事以密成，语以泄败。未完成的心之所向请你不要轻易泄露。人们总有一种预设的光环，那就是脑海中的自己，那个自己有很多规划和蓝图，尽管没有付诸行动，但心里也无数次幻想事成后的战绩会多么引人注目。再加上大家的一致鼓励和簇拥，你会有一种"好像已经做到"的错觉，这种错觉会稀释你大部分干劲，导致你不再执着是否达成目标。

字里行间处处是人情。心中有尺，口中有度，言为心声，这就是说话的艺术。

后记

偶遇《奇葩说（第八季）》

收到邀请

收到《奇葩说（第八季）》的录制邀请时，我刚刚在中国澳门结束一周的工作，那段时间有不少急需处理的公事和私事。我浑浑噩噩地打开社交媒体的私信，快速浏览了导演讲的概况，然后下意识关闭了页面。

我习惯做这个动作，因为我对每一件所行之事都有要求和顾虑，所以拒绝了不少综艺节目邀约和广告邀请。我知道那是很好的曝光机会，随便抓住一个都有可能名扬千里，不过很奇怪，我做选择的核心原则有时不仅仅依靠理性，还会依靠直觉。一件事有几成把握，我会用直觉来判断。之前有人想出资几百万打造我的个人 IP①，我婉拒了，表面上以时机不成熟为理由推脱，但实际上并不是因为这个原因。那为什么呢？我无法用简单的语言细述。经历过的人都明白，那是一种皮肉可感的酸涩。你的认知会在必要时带来一些信号，这些信号才是你一直以来不失手的秘密。

关掉页面，我又投入繁忙工作，时常一个妆容、三四个台

---

① 网络流行语，指个人对某种成果的专有权。在互联网时代，它可以指一个符号、一种价值观、一个共同特征的群体、一部自带流量的内容。——编者注

面，我马不停蹄地赶场，餐食都在车里解决。我还记得有一次助理给我带了一个三明治，因为吃的时候在回信息，我不小心把中间的夹心弄掉了，苦笑中我无意间喊了自己一句"奇葩"，眼睛一抬，我觉得我的 DNA 动了[1]。就是那一刻，我突然觉得自己能行，觉得自己可以在成千上万个有趣的参与者里脱颖而出，可以得到认可。

我让同事帮忙确认了录制信息的真实性后，就回复导演表示我有参加的兴趣，我就这样和这些有趣的人相识了。我追过的综艺节目并不多，《奇葩说》便是其中一个。我和导演聊得很愉快，也很投缘，因为我们所在的行业足够相通，所以我们很快达成了一致。导演告诉我，接下来的赛制很紧张，我们会被分成不同小组进行线上辩论，这也是八季节目以来的第一次线上比赛。其实我还挺失落的，因为我真的是一个私下比镜头里更可爱的人，虽然时常喜静，但如果场合足够热闹，我会发挥出 200% 的精彩。而且辩论这件事，要有肉搏感，网速要是再卡顿几秒，那岂不成了诗朗诵？哈哈，不过也蛮好的，这可以说是我久违的心动了。

我从不认为我是来参加一档辩论节目的，尽管我必须要辩，但我觉得这更像是一场演讲，目的不是赢过对方，而是赢得一

---

[1] 指对某事物印象非常深刻，后面出现了相同或相似的刺激，导致自己的记忆又被激活而沸腾起来。——编者注

些人的"会心一笑"。我赞叹米未团队①内容制作的艺术性。我觉得这确实是一个很有艺术感的节目，不论多么难解的题，你终会发现，"怎样都可以"。

不擅长辩论，怎么办

辩论这件事，我是真的不擅长。虽然和别人吵架我基本没输过，也一直从事跟语言相关的工作，但真的隔行如隔山。好在我在台里还承担了一档读书节目，通过这档节目我结识了许多作家、教师、校长、书店店长、爱读书的企业家，当然还有身边那么多的"名嘴"和"金话筒"……我连夜召集"最强大脑"，像是要录制春晚那般热闹。

大家分别给了我很多建议，我受益匪浅。但是怎么形容呢？各个行业的顶流，也就是对垂直领域有极深建树和研究的这些人，有思想、会思辨、有主见，但他们在讲述一个辩题的优劣势时，想法竟出奇地一致，还不约而同地有些局限性。比如，我参赛的第一个辩题是："受尽了单身的苦，前任要求复合，你要不要再试试？"大家能想到的观点都是类似于"好马不吃回头草""合格的前任应该像死了一样""过得好才是对前任最大的报复"……这些观点都没错。但是，神奇的是，我们也只能想到这些了。这是我接触《奇葩说》后第一个比较大的

---

① 《奇葩说》节目的制作团队。——编者注

感触，我们看似一年比一年成熟，一年比一年思想深刻、涉猎更广，但我们好像从没真正绕出过既有的认知圈，只是不断在将破未破的边缘打转罢了。不信，此刻正在看书的你，告诉我，关于"前任要求复合"这一话题，你还能想出什么人们从未听过的理由？成年人的思想被既定思维框住很久了。

最后我是怎么解题的呢？我突然想到了一个救命组织——辩论队。我找到了几位大学校长，请他们帮忙联络学校里那些优秀的辩论赛冠军。每一个跟我对接的辩手同学，都向我表达了深深的羡慕之情，因为唯一以辩论为赛制的综艺节目只有《奇葩说》了。我也好喜欢他们，着迷于他们睿智的头脑。他们跟我说，其实真正意义上的辩论赛与《奇葩说》是两回事，简单来讲，辩论赛讲的是"辩"，而《奇葩说》更偏向于"说"。虽然他们说的不完全正确，但我明白他们的意思。

陪我准备比赛的是两个女孩，我们时常一起模拟比赛，真枪实弹地"打仗"。我本来觉得自己还挺伶俐的，没想到她们才是真的刀刀穿心。哪里需要反驳？哪里应该质疑？你有没有批判性思维？你能不能流畅地表达？你的反应快不快？你的解释抗不抗打？那一刻，我突然意识到，我在准备一件很重要的事。如果没有辩论，我永远都不知道"我可以这样想"；也多亏了辩论，我才明白没有什么是不能被理解的。

辩论好难。还好，人生不是辩论。这个世界的美，美在主观能动有差异。我们尊重一切差异就好了。

怎样都可以。

我竟然成功了

第一场比赛我通过了。

导演组特意给我打了电话，聊了聊大家对我的喜欢。说真的，第一场辩论赛耗费了我很多精力，比赛中我的精神高度紧张，随时进入"干架"状态。比赛时，除了逻辑要缜密，还要保证表达得绘声绘色，稿子最好还得背下来，这一整套流程非常考验辩手大脑的承载力。我真心感慨，往期辩手怎么能应对如此高强度的备稿和录制？

至此，我有一些不成熟的心得。辩论最重要的不见得是展现自己，也可能是摸清对方。走到他的前面，你才会立于不败之地，蛰伏听音，找准时机，不要框在那些浅显易见的东西里，要学会辩证地看待问题。看完这一面，再看看那一面，别落下了侧面，还有一些缝隙，不断推翻自己的论证……

比赛的壁垒越来越高，第二场是千人进百人的赛制，留下的都是"硬茬子"。其实很多选手都是很有影响力的红人，他们的作品广为流传，但说真的，了解一个人还是要看他的即时反应，作品只是作品。据我观察，进入后半段比赛的辩手，相较之前的"老奇葩"要中规中矩得多，可见社会发展的趋势有变化了，人们不再那么需要标新立异来证明什么了。这代表未来只追寻浅层的差异化起不到核心作用，认知能达到的高度才是关键。比赛很精彩，过程在这里我就不赘述了，每个人都说得有理有据。后来我在想，当大家都还不错的时候，出彩的会是什么呢？

大概是精气神，是信念感，是无形的气场。这个东西在做生意的人身上尤能体现，那种专注和极致可以让你在一众光鲜中脱颖而出。

是的，我再次脱颖而出了。我顺利通过第二场比赛。导演组发来通知的时候，我正在参加一场活动，很多好朋友陪在我身边。看到极少的几个晋级名字里有我，我笑得很满足，不过我并没什么分享欲，甚至不想告诉任何人我赢了，因为能赢真的太不容易了。不说别的，"干架"的状态很辛苦，不比赛的时候我还是喜欢淡淡的感觉。所以我很快放下手机，像什么都没发生过一样，跟同伴吐槽着当天的布景，很苛刻的样子。但其实那天的我，看什么都特别顺眼，我越来越能理解这个世界了。其实以前我也能理解，知道世事都有两面性，这次还稍有不同，确切的说法应该是：世事都有多面性，且每一面都很美。

嗯，怎样都可以。

接下来的安排是去北京参加导演见面会，然后跟"老奇葩"较量一回。手机忽然亮起了导演的对话框："我们的故事开始了"。我轻轻地笑着，我喜欢把话说得有"秋天感"的人。人跟人之间给太多会过，给太少又显生分，有些话要收着说。

那天和今天，都是秋天。刚好，又是秋天。

语言是一门艺术。

最后的最后

本书写到这里也要完结了，我完成了人生中第一个十万字。谢谢你读到这里。

写作是一个很磨砺人的过程，我时常坐在书桌旁写到月亮都渐渐睡去。状态好的时候，我一口气能写五千字，写得想要站起来说话，觉得这东西就得我来写才能写明白了；状态不好的时候，我也很为难，明明心里有很多想法但偏偏不知道怎么提笔。还好，我都克服了。

我想本书不一定是完美的，有些措辞可能还要再凝练些，有些观点还需要一些或深或浅的调整，我都没有再改了。真的有了一个作品后，我就希望它的真实大过完美，感谢我拥有这个机会，可以通过文字留住年轻时最真实的自己。

《奇葩说（第八季）》受大环境的影响，在我码字的此刻，进度还停滞不前，不知道当你看到这段文字时，哪里的季风吹开了怎样的花，你和我又在经历着什么故事，爱着怎样的人。但我相信，注定要遇见的，漫漫长路上总会相遇。

怎样，都可以。